国家試験 （公認会計士 / 不動産鑑定士 / 公務員一種 等）のための

経済学

速水　昇

学文社

はじめに

　国家試験において経済学は重要な科目になっています．しかし，「経済学が分からない！」，「サッパリおもしろくない！」，また「経済学の理論と実戦は違う！」……等々の感想を抱いて挫折していく人が非常に多いです．確かに経済学は難しい学問といえます．なぜ難しいかといえば，経済学の対象が社会現象と密接な関係を持っているからです．つまり，どこからどこまでが経済学の領域なのか，なかなか見分けがつきにくいというのがその大きな理由です．さらに，経済にあらわれるさまざまな現象（価格，需要量，供給量，利潤，雇用量……等々）の相互依存関係を解明するために，高度な数学的技法が要求されたりするので実に厄介なものといえます．だからいい加減な学習態度で臨むと，何年かかっても経済学は何が何だかサッパリ分からないという惨憺たる結果に終わることになります．小生はこれまで長年にわたって公認会計士，不動産鑑定士試験の合格指導で500名を超える合格者を輩出してまいりました．そこで，本書は国家試験の試験問題を徹底的に分析・解明して楽しく学習しながら，確実に実力を強化し，合格のポイントを把握できるように工夫してあります．そこで，本書の活用の仕方として次のような学習ガイダンスにしたがって勉強して下さい．

1　経済学の学習の仕方

　経済学を学ぶために最も必要な事はなんであろうか．どの学問でもいえることですが基礎を完全に身につけることです．授業において基礎的なことを説明していると，「そんな基礎的な事は知っているから，もっと応用的な事を説明して下さい」という人がいます．今までの経験から，そういう人に限って基礎的な勉強を軽視しているため応用力がありません．というのは，応用問題を多くこなせば実力がつくと勘違いしているからです．基礎的な課題はそれほど数が多いものではありませんが，応用問題になると数限りなくありますので，それらを全部覚える事はとうてい無理です．たとえば，ミクロ経済学において基礎的な課題として，まず消費者均衡の理論を完全に把握することです．これを把握することによって，家計の労働供給曲線，生産者均衡，パレート最適を一挙に覚えることができます．つまり消費者均衡で使う無差別曲線，予算線は生産者均衡では等産出量曲線，等費用線に名前と定義が変わっただけでほとんど同じような構成で説明できますし，消費者均衡の条件は家計の労働供給曲線，パレート最適でも同じ構成で説明できます．そして，消費者均衡から需要曲線を導くこともできます．このように，1つの基礎的な課題から多くの理論を関連づけて説明することができますので，それをどのように応用問題に結びつけていくかを考えたほうがよっぽど能率があがります．

　このような考え方から，本書では短期間で経済学を把握できるように工夫してあるため，一

ii　はじめに

般のテキストとは全く違った構成になっています．まず，第1講から第13講までを1つのセットと考えて勉強して下さい．ここでは第3講・第9講・第10講を把握すれば後は同じような構成で説明できます．次に，第14講から第18講を1つのセットとして，同様に第18講から第25講までを1つのセットとして勉強して下さい．第II部のマクロ経済学はもっと単純です．ここでは均衡国民所得の決定とIS-LM分析の2つを完全に把握していれば過去の経済学の試験問題の8割が解答できます．第26講から第33講までが均衡国民所得の決定で，第34講から第42講までがIS-LM分析です．第43講から第50講までは最近のマクロ経済学に分類されます．

　本書は国家試験に臨むにあたって，最低限知らなければいけない経済学の基本的知識をベースにして，できるだけ数学的技法を使わないように，大学の授業でも使えるように構成しました．また問題の下に〈学習上の留意点〉をつけてあります．これは各々の問題の勉強の仕方やポイントがわかるようにしたものですので，必ず読んで下さい．ただここで注意しなければいけないのは，問題をみていきなり解説を読んではいけないということです．まず問題を確認してから，自分で文章をまとめて下さい．そして，自分でまとめた答案と解説および参考書を比較してみることです．そうすることによって，その問題が自分の血となり肉となるのです．くれぐれも解説を丸暗記するというようなことはしないで下さい．

2　答案の作成の仕方

　論文形式の答案の作成にあたって，第1に留意しなければいけない点は，答案の構成についてです．答案構成としては序文→本論→結論という順でまとめることが大切です．今までの答案練習の採点の経験からいえば，いきなり本論から説明している答案が非常に多くみられます．これでは，何を強調したいのかがうまく採点者に伝わりません．序文ではこれから説明する論点を整理する形で説明するのが良いと思います．そして本論では，論点の内容を理論的に分析し，結論では全体の流れを導き，確認するという形でまとめることです．答案用紙の余白部分に鉛筆で序文・本論・結論に相当するポイントを箇条書きにしておくのも1つの方法です．

　第2の留意点は，図と文章を一致させるように答案を構成することです．近代経済学では，図を描いて説明する課題が非常に多くあります．図の描ける問題で図がなければ大幅な減点になります．また，スケッチみたいないい加減な図も減点になりますので，図は必ず定規を使って正確に描けるように練習して下さい．そして，文章や図で使った記号はC＝消費，S＝貯蓄というように正確に明示し，文章は図を説明するという形でまとめることが大切ですので，図は文章の近くに描いて下さい．文章と図がバラバラになったり，図を文章から離して描いてはいけません．なお，参考答案例では便宜上英語（Marginal等）が書かれていますが，本試験では英語は書く必要はありません．しかし消費の記号CはConsunptionの頭文字であるとい

うように，各々の記号の大部分は英語の頭文字を使っているということを把握して下さい．

第3の留意点は，数学的技法に溺れてはいけないということです．確かに近代経済学では数学的技法を用いて，限界概念や弾力性概念を説明したり，無限等比級数や微積分の知識を要求している場合もあります．しかし，これらは文章を数学を使って説明しているだけで，ほとんどの場合数学的技法を使わなくても文章で十分説明できますので，それ程こだわらなくてもいいと思います．むしろ，数学的技法にこだわって説明している答案には，途中経過が抜けていたり，計算ミスをしたり，文章の前後関係がバラバラになっているものが多くみられます．だからといって，数学的技法を無視していいということではありません．本書でも数学的技法を使って説明しているところがありますが，これらは決して難しいものではありませんので，本書に出てくる数式は最低限覚えてほしいと思います．

第4の留意点は，答案構成において余白を残さないということです．余白が残るということは，論点の把握追求が足りないとみなされてこれだけで減点の対象になります．不動産鑑定士や公認会計士の試験では，1問につきB4の用紙で2枚書くことが義務づけられています（3枚はもらえません）．B4の用紙には25行の線が引かれていますので，全部で50行になります．50行ですと2,500字前後の文字が書けます．ゆえに1問につき2,500字前後でまとめる練習も大切です．本書ではほとんどが本試験の用紙で書ける字数になっていますので，書き方を参照して下さい．

第5の留意点は，文章が常識的にみて正しく整って表現されているかどうかということです．前後の説明に矛盾がみられるのは感心しません．また答案の内容は筋さえ通っていれば，文章的な表現力はどうでも良いとか，どんなに乱暴に書いても良いというのは暴論です．間違った箇所は修正液を使って書き直すのが良いと思います．出題者は何千枚という答案を採点するのですから，相手の気持ちになって採点しやすいように書くことが必要です．

3　参考書の案内

1　嶋村紘輝　『ミクロ経済学』（第二版）（成文堂）1990年
2　岩田規久男　『ゼミナール　ミクロ経済学入門』（日本経済新聞社）1993年
3　倉澤資成　『入門価格理論』（第2版）（日本評論社）1988年
4　西村和雄　『ミクロ経済学入門』（岩波書店）1986年
5　嶋村紘輝　『入門経済学』（中央経済社）2000年
6　中谷巌　『入門マクロ経済学』（第4版）（日本評論社）2000年
7　新開陽一・新飯田宏・根岸隆　『近代経済学新版（新版）』（有斐閣大学双書）1987年
8　千種義人　『新版　経済学入門』（同文舘）1990年

本書も1から8のテキストを参考にさせていただきましたが，ミクロ経済学の入門書として

は，1 のテキストがすぐれていると思います．このテキストで理解できない部分があれば 2 から 4 のテキストを参照すれば良いです．2 から 4 は甲乙つけがたい程良いテキストですので，1 の他にどれか 1 冊手元に置いておくと良いと思います．5 のテキストはミクロ経済学とマクロ経済学で構成されていますが，著者が 1 と同じでしかもミクロ部分が不完全です．それでミクロ部分は読まなくて良いのですが，マクロ部分は非常に分かりやすく説明していますので，マクロ経済学はまずこのテキストを最初に読むことをお薦めします．6 はマクロ経済学のテキストとして有名な本ですが第 4 版になって難しくなってしまった傾向があります．第 2 版が手に入ればこのテキスト 1 冊で間に合うのですが，なかなか手に入りづらいので第 4 版は 5 で理解できない部分を参照するという形で使うと良いと思います．7，8 はともにミクロ経済学とマクロ経済学で構成されていますがミクロ・マクロ部分で理解できない部分を参照するという形で使うと良いと思います．

4 最後に

ともかく，諸君には国家試験に合格するという目的があります．首尾良く目的を達成するためには，諸君がまず「必ず試験に合格するぞ！」という意欲を胸に秘めて勉強にとりかかることです．初めから自己流で勝手に勉強していては，迷い，疲れはててしまうだけです．それゆえ，本書は短期間で経済学を理解できるように構成してありますので，本書を大いに活用していただきたいと思います．そして，自分が理解し納得して文章をまとめるということを必要最小条件として勉強して下さい．最後に現代経済学の第 1 人者であるサムエルソンがかっていったように，「社会科学の女王」たる経済学の探求に乗り出す諸君の船出を祝して"Bon voyage!"

　本書の作成に当たっては，東京法経学院の成毛清さんには大変お世話になりました．また，私の授業で合格した各企業・銀行の不動産部の皆さんとは今だに付き合っている人も多く，たくさんの助言をいただきました．なによりも，このようなテキストをすんなりと出版に導いてくれた，学文社社長田中千津子さんには感謝申し上げます．また，私のゼミの卒業生で学文社社員の甲斐由美子さんには心遣いしていただくとともに，多大な労力を払っていただき心よりお礼を申し上げます．

2003 年 4 月

東京富士大学教授
駒澤大学兼任講師

速水　昇

目　次

第Ⅰ部　ミクロ経済学

第1講　限界効用均等の法則 …………………………………………………………… 2
〔問題〕2財の価格比と2財の限界効用の比が等しくなるときに消費者が最大の満足を得ることを具体的な数値例を用いて説明しなさい．

第2講　無差別曲線 ……………………………………………………………………… 5
〔問題〕次の設問について説明しなさい．
(1) 一般の商品の無差別曲線について説明しなさい．
(2) 資産選択における家計（あるいは投資家）の選好として，危険回避型，危険中立型，危険愛好型の無差別曲線について説明しなさい．

第3講　消費者均衡と所得の変化 ……………………………………………………… 8
〔問題〕消費者の最適需要量の決定について説明し，所得の変化が需要量に及ぼす効果について検討しなさい．

第4講　コーナー解 ……………………………………………………………………… 11
〔問題〕消費者の合理的行動に関して，次の設問について説明しなさい．
(1) 無差別曲線と予算線の接点で効用が最低になるケースについて説明しなさい．また，このとき効用が最大になる点について図解しなさい．
(2) 一般に財はグッズ（購入すると効用が高まる）を対象にしておりバッズを対象にしていないが，ここでは，Y財はグッズであるがX財はその消費量が増加すると効用が低下するバッズである場合の消費者均衡について説明しなさい（ただし，X財を捨てたり，他人に与えたりせず自ら消費することを前提とする）．

第5講　消費者均衡と価格の変化（需要曲線の導出）………………………………… 14
〔問題〕家計の消費行動について次の設問について説明しなさい．なお，問題を単純化するために，二種類の消費財X財とY財だけがその購入対象であり，所得はM_0，X財とY財の市場における単位価格をそれぞれP_{x0}円，P_{y0}円，数量をX，Yであらわす．
(1) X財の価格が下落した場合，代替効果と所得効果を明確にしながら需要曲線を導

出しなさい．なお，X財・Y財は共に上級財である．
(2) X財・Y財の価格は一定で共に上級財である場合，所得水準が変化した時の需要曲線の変化について説明しなさい．
(3) X財がギッフェン財である場合，価格が上昇した時の需要曲線を導出しなさい．

第6講　家計の労働供給曲線 …………………………………………………… 17
〔問題〕家計の労働供給曲線について説明しなさい．

第7講　等利潤線と労働曲線 …………………………………………………… 20
〔問題〕労働市場に関して次の設問について説明しなさい．
(1) 等利潤線と生産関数を使って労働の需要曲線を導出しなさい．
(2) 無差別曲線と予算線を使って労働の供給曲線を導出しなさい．
(3) 長引く不況で新卒の雇用が少なくなっている状況を労働の需要曲線と供給曲線を使って説明しなさい．

第8講　生産者均衡 ……………………………………………………………… 23
〔問題〕いま，ある企業が労働と資本の2つの生産要素を投入して財の生産を行なっているものとする．また要素市場および資本市場は，共に完全競争市場であり，労働市場の均衡価格は w，資本市場の均衡価格は r でそれぞれ与えられているものとする．
このときの企業行動に関して次の設問について説明しなさい．ただし，企業の労働投入量をL，資本投入量をK，財の生産量をQとする．
(1) 企業の費用最小化行動について説明しなさい．
(2) 企業の目標生産量が変化するに伴い，最適な投入量の組み合わせは次々に変わる．そこで，企業の「拡張経路」から資本集約的な生産方法が採用されていく場合と，労働集約的な生産方法が採用されていく場合について説明しなさい．

第9講　生産費の概念 …………………………………………………………… 26
〔問題〕生産費を構成する要因を分類して説明しなさい．

第10講　供給曲線 ………………………………………………………………… 29
〔問題〕次の設問について説明しなさい．
(1) 完全競争市場における企業の短期利潤最大化について説明しなさい．
(2) 損益分岐点と操業停止点について説明し，企業の短期供給曲線を導出しなさい．

第 11 講　長期費用曲線 ·· 32
〔問題〕次の設問について説明しなさい．
　　(1)　長期費用曲線について説明しなさい．
　　(2)　長期平均費用曲線は産業の特性によってＵ字型になるとは限らないことを説明しなさい．

第 12 講　交換経済におけるパレート最適 ·· 35
〔問題〕ボックス・ダイアグラムを用いて，交換経済におけるパレート最適条件を説明しなさい．また，この交換経済が完全競争の場合，最適な資源配分を達成していることを示しなさい．

第 13 講　パレート最適 ·· 38
〔問題〕パレート最適について説明しなさい．

第 14 講　価格と需要・供給量の決定 ··· 41
〔問題〕財の価格と需要・供給量の決定についてワルラス的調整過程とマーシャル的調整過程から説明し，各々の安定条件についても検討しなさい．

第 15 講　価格弾力性 ··· 44
〔問題〕次の設問について説明しなさい．
　　(1)　需要の価格弾力性について説明しなさい．
　　(2)　供給の価格弾力性について説明しなさい．

第 16 講　需要の所得弾力性・交差弾力性 ·· 47
〔問題〕次の設問について説明しなさい．
　　(1)　需要の所得弾力性について説明しなさい．
　　(2)　需要の交差弾力性について説明しなさい．

第 17 講　経済余剰 ··· 50
〔問題〕市場均衡の理論に関する以下の設問について説明しなさい．
　　(1)　完全競争を想定し，企業に生産量 1 単位当たり T 円の補助金を与えるという補助金政策の短期的効果について以下の設問について説明しなさい．ただし，需要曲線は

viii　目　次

　　　　右下がり，短期供給曲線は右上がりとする．
　　　① 補助金によって生産物価格・供給量はどのように変化するかを図解しなさい．
　　　② 消費者余剰と生産者余剰の定義を明示し，それらが補助金政策の前と比べてどのように変化するかを図解しなさい．なお，生産者余剰については補助金を収入に含めた場合と収入に含めない場合について図解しなさい．
　　　③ 補助金総額を2つあげて図解しなさい．
　　　④ 経済的厚生は補助金前と比べてどのように変化するかを図解しなさい．
　(2) 現在，牛肉の輸入には関税が賦課されている．この場合の経済的効果を輸入が完全に自由化された場合と比較しなさい．また閉鎖経済と開放経済を比較した場合に，自由化されたことによってどのような長所・短所が生じるかについて説明しなさい．

第18講　需要・供給曲線と租税の賦課　……………………………………………… 53
〔問題〕ある商品に対して生産者側に租税が賦課されたときに発生する経済効果について説明しなさい．

第19講　完全競争と独占　……………………………………………………………… 56
〔問題〕完全競争と独占の相異について説明しなさい．

第20講　独占の理論　…………………………………………………………………… 59
〔問題〕独占について以下の設問について説明しなさい．
　(1) 独占企業の行動目的が売上高最大化にあるならば，この場合の価格・販売量・需要の価格弾力性の値について説明しなさい．なお，限界収入（MR）の式を明確にして説明すること．
　(2) ラーナーの独占度について，独占度が大きいとはどのようなことを意味するのか，また完全競争市場ではラーナーの独占度の値がいくらになるかを説明しなさい．
　(3) 独占といえども赤字が生じる場合があるが，このケースについて図解しなさい．

第21講　独占的競争　…………………………………………………………………… 62
〔問題〕独占的競争について説明しなさい．

第22講　双方独占　……………………………………………………………………… 65
〔問題〕労働市場について以下の設問について説明しなさい．
　(1) 労働の供給独占について説明しなさい．

(2) 労働の需要独占について説明しなさい．

(3) 双方独占について説明しなさい．

第 23 講　寡占企業の価格硬直性 ……………………………………………………… 68
〔問題〕寡占企業の価格硬直性について以下の設問について説明しなさい．

(1) フル・コスト原則（マーク・アップ価格付）から寡占企業の価格硬直性について説明しなさい．

(2) 屈折需要曲線の理論から寡占企業の価格硬直性について説明しなさい．

(3) ゲームの理論（ナッシュ均衡・寡占のジレンマ）から寡占企業の価格硬直性について説明しなさい．

第 24 講　参入障壁 ……………………………………………………………………… 71
〔問題〕参入障壁について種類をあげて説明し，それと参入阻止価格との関係について説明しなさい．

第 25 講　市場の失敗 …………………………………………………………………… 74
〔問題〕市場の失敗について説明しなさい．

第II部　マクロ経済学

第 26 講　I・S バランス式 ……………………………………………………………… 78
〔問題〕過去に比べて減少したとはいえ，現在でも日本の経常収支黒字は多額であり，逆にアメリカは多額の経常赤字を抱えたままである．つまり，日米間の貿易不均衡は解消されたとはいえず，日米貿易摩擦の火種はくすぶったままである．
　　　このような経常収支の不均衡を国民所得の貯蓄・投資バランス式から説明しなさい．

第 27 講　均衡国民所得の安定性 ……………………………………………………… 81
〔問題〕均衡国民所得の安定性について説明しなさい．なお，問題を単純化するために，政府部門，海外部門は捨象する．

第 28 講　均衡国民所得の図解 ………………………………………………………… 84
〔問題〕次の設問について説明しなさい．

(1) 政府部門を考慮した場合の閉鎖経済における国民所得の決定を図解しなさい．

x 目 次

　　　(2) 開放経済を考慮した場合の国民所得の決定を図解しなさい．

第29講　有効需要の原理 ……………………………………………………………… 87
〔問題〕ケインズの有効需要の原理に基づいて，不完全雇用下の雇用均衡について説明しなさい．

第30講　節約のパラドックス ………………………………………………………… 90
〔問題〕貯蓄・投資の所得決定理論について貯蓄乗数を使って説明し，節約のパラドックスについて図解しなさい．

第31講　インフレ・ギャップとデフレ・ギャップ ………………………………… 93
〔問題〕次の設問について説明しなさい．なお問題を単純化するため政府部門を考慮した閉鎖経済とする．
　　　(1) インフレ・ギャップとデフレ・ギャップを図解しなさい．
　　　(2) インフレーションおよびデフレーション対策としての財政政策として政府支出乗数と租税乗数を導出しなさい．
　　　(3) 均衡予算乗数について説明しなさい．

第32講　開放経済における乗数理論 ………………………………………………… 96
〔問題〕次の設問について説明しなさい（ここでは限界税率は考慮しない）．
　　　(1) 開放経済における政府支出乗数，租税乗数，外国貿易乗数について説明しなさい．
　　　(2) 輸出が増加した場合と輸出を一定にして内需拡大策を行なった場合，貿易収支がどのようになるかを政府支出乗数と外国貿易乗数を使って説明しなさい．

第33講　ビルト・イン・スタビライザー …………………………………………… 99
〔問題〕次の設問について説明しなさい．
　　　(1) 海外部門を捨象し，限界税率を考慮した場合の政府支出乗数と租税乗数について説明しなさい．
　　　(2) 上式を使ってビルト・イン・スタビライザーについて説明しなさい．

第34講　投資の理論 …………………………………………………………………… 102
〔問題〕次の設問について説明しなさい．
　　　(1) ケインズの投資の限界効率について説明しなさい．

(2) 加速度原理について説明しなさい．

(3) トービンの q 理論について説明しなさい．

第 35 講　流動性選好説 ……………………………………………………………… 105
〔問題〕ケインズの流動性選好説について説明しなさい．

第 36 講　IS・LM 曲線の導出過程 ………………………………………………… 108
〔問題〕IS・LM 曲線の導出過程を図解しなさい．

第 37 講　IS 曲線と LM 曲線の均衡調整過程 …………………………………… 111
〔問題〕生産物市場と貨幣市場の均衡調整過程について説明しなさい．

第 38 講　クラウディング・アウト ………………………………………………… 114
〔問題〕政府支出の財源が国債の市中消化によって賄われる場合，次の設問について説明しなさい．

(1) 短期のクラウディング・アウトについて説明しなさい．

(2) IS・LM 曲線の勾配を考慮した場合のクラウディング・アウトについて説明しなさい．

(3) 長期のクラウディング・アウトについて説明しなさい．

第 39 講　マネーサプライ …………………………………………………………… 117
〔問題〕マネーサプライの供給メカニズムについて説明しなさい．

第 40 講　金融政策と貨幣乗数 ……………………………………………………… 120
〔問題〕金融政策について次の設問について説明しなさい．

(1) ハイ・パワード・マネー（民間銀行の保有現金も考慮する）とマネー・サプライとの関係から，貨幣乗数について説明しなさい．

(2) 金融政策の手段について説明し，それがどのような経路を経てマネー・サプライに影響を与えるかを貨幣乗数の式を使って説明しなさい．

(3) (2)の金融政策の手段を使っても，マネー・サプライに影響を与えることが出来ないケースを説明しなさい．

第 41 講　ウィリアム・プールの理論 ……………………………………………… 123

〔問題〕金融政策の運営目標に関するケインジアンとマネタリストの意見の相異について説明しなさい．

第42講　平成不況 ……………………………………………………………………… 126
〔問題〕日本経済は1980年代後半のバブル時代を経て，1990年代に入ってから長い不況の谷間に陥っている．このようなバブル崩壊後の平成不況について，次の設問について説明しなさい．
  (1) 最近百貨店の売り上げが前年を下回るなど消費が低迷しているが，貯蓄が増加する結果国民所得はどうなるかを説明しなさい．
  (2) 現在，日本の公定歩合が史上最低の水準まで引き下げられているが，金融政策の効果がそれほど有効でない理由についてIS・LM曲線を使って説明しなさい．
  (3) 現在の不況に対して，財政政策がそれほど有効でない理由についてIS・LM曲線を使って説明しなさい．

第43講　自然失業率仮説 ……………………………………………………………… 129
〔問題〕自然失業率仮説について説明しなさい．

第44講　合理的期待仮説 ……………………………………………………………… 132
〔問題〕次の設問について説明しなさい．
  (1) インフレ供給曲線とインフレ需要曲線を用いて，合理的期待形成学派の金融政策の無効性について説明しなさい．
  (2) 合理的形成学派における財政政策の無効性について説明しなさい．

第45講　外国為替相場 ………………………………………………………………… 135
〔問題〕外国為替相場市場（ここでは外貨建）における外国為替相場の決定について検討し，需給両曲線の移動要因について説明しなさい．

第46講　Jカーブ効果 ………………………………………………………………… 138
〔問題〕円高ドル安が必ずしも日本の対米経常収支黒字の削減につながるとは限らない．その理由を説明しなさい．なお，外国為替相場は邦貨建（円建て）とする．

第47講　マンデル・フレミング理論 ………………………………………………… 141
〔問題〕変動為替相場制において，自国の物価水準は固定的，小国の仮定，外国為替相場の変

動に関しては「静学的予想」の仮定のもとで，資本移動が不完全な場合の財政・金融政策の効果を次の設問について説明しなさい．

(1) 資本移動が比較的スムースな場合（国際収支均衡線 BP の勾配が LM 曲線の勾配よりも緩やか）と資本移動が比較的硬直的な場合（国際収支均衡線 BP の勾配が LM 曲線の勾配よりも急）の財政政策について説明しなさい．

(2) 資本移動が比較的スムースな場合（国際収支均衡線 BP の勾配が LM 曲線の勾配よりも緩やか）の金融政策について説明しなさい．

第48講 総需要曲線と総供給曲線 …………………………………………………… 144

〔問題〕次の設問について説明しなさい．

(1) 総需要曲線 AD を IS・LM 曲線から導出しなさい．

(2) ケインジアンの名目賃金を硬直的とした場合の総供給曲線 AS を導出しなさい．

(3) デフレーションのメカニズムを総需要曲線と総供給曲線を使って説明しなさい．また，デフレーションになるとどのような弊害が生ずるかを説明しなさい．

第49講 財政・金融政策と物価水準 ……………………………………………………… 147

〔問題〕ケインジアンの主張する財政・金融政策の有効性を物価水準の変動も考慮して説明しなさい．

第50講 経済成長理論 ……………………………………………………………………… 150

〔問題〕日本の経済成長に貢献したと思われる要因について，ハロッド・ドーマーの成長理論から説明しなさい．

第Ⅰ部　ミクロ経済学

第1講　限界効用均等の法則

学習日　　月　　日

〔問　題〕
　2財の価格比と2財の限界効用の比が等しくなるときに消費者が最大の満足を得ることを具体的な数値例を用いて説明しなさい。

〈学習上の留意点〉
　ミクロ経済学は「効用」の概念から始まります。消費者は自分の満足が最大になるように財・サービスの購入量を決めます。消費者がさまざまな商品を消費することから得る満足度を「効用（Utility）」といいます。たとえば、最初に購入した商品の効用は10、次に購入した商品の購入は8というように効用を具体的数値に置き換えたものを「基数的測定」といいます。
　経済学において限界概念は非常に重要です。これを把握することによって限界収入、限界消費性向等々の限界概念が理解できます。限界概念は微分を使って説明しているため、微分を知らない人にとっては何が何だか分からなくて経済学を難しいと決めつけてしまう人が多いみたいです。そこで微分を使わないで説明すると次のようになります。
　限界（Marginal）とは、経済学では「各々の変化分（差分）の比率」という意味です。たとえば、変数Xが初期値X_0から新しい値X_1に変化した場合にその変化は差分$X_1 - X_0$であらわすことができます。この変化分（差分）をあらわすために記号Δを用います。Δはギリシャ語のデルタの大文字で「差分」をあらわすのに用います。いまX財の数量が1単位から2単位に増加した場合の変化分ΔXは1になり、そのとき全部効用（U）が10から18に増加した場合の変化分ΔUは8になります。限界効用（MU）はある財の消費量を1単位変化（ΔX）させたとき、これに伴って生じる効用の変化分（ΔU）の比率をいいますので、$MU = \dfrac{\Delta U}{\Delta X} = \dfrac{8}{1} = 8$になります。決して難しいものではありませんが、下の表で限界効用の計算の仕方を確認して下さい。また表のように限界効用が10、8、6……と減っていくことを「限界効用逓減の法則」といいます。

財の購入量と効用の関係

財の消費量	0	1	2	3	4	5
効用	0	10	8	6	4	2
全部効用	0	10	18	24	28	30
限界効用	0	10	8	6	4	2

〔**参考答案例**〕

効用（Utility）とは，家計が消費することから得られる満足度のことをいう．「一般にB財よりもA財を選ぶ」というときに，経済学では「A財の効用はB財の効用よりも高い」という．限界効用（Marginal Utility）とは，X財の消費量を1単位変化（ΔX）させたとき，これに伴って変化する効用（ΔU）の大きさの変化率をいい，$MU = \dfrac{\Delta U}{\Delta X}$ であらわされる．

限界代替率（Marginal Rate of Substitution）とは，ある財（Y財）が少なくなり，他方の財（X財）が多くなっても家計の効用水準が変わらない場合，両財の変化分の比率をいう．これは，$MRS = -\dfrac{\Delta Y}{\Delta X}$ であらわされ，無差別曲線の勾配に負の記号を付けたものである．

予算線とは個人に与えられた所得をあらわす線で予算制約線・所得線ともいう．いま所得をM，X財・Y財の数量を$X \cdot Y$，X財・Y財の価格を$P_x \cdot P_y$とすると，

$$M = P_x X + P_y Y \qquad \therefore Y = -\dfrac{P_x}{P_y} + \dfrac{M}{P_y}$$

となる．この式から，予算線の勾配は $-\dfrac{P_x}{P_y}$ である．消費者は無差別曲線と予算線の接点で最大の満足を得るので，$\dfrac{\Delta Y}{\Delta X} = -\dfrac{P_x}{P_y}$ となり，両辺にマイナスを掛けると

$$MRS = -\dfrac{\Delta Y}{\Delta X} = \dfrac{P_x}{P_y} \text{ が成立する．}$$

X財の消費量がΔX変化すると効用の変化は$MU_1 \times \Delta X$となる．同様にY財の消費量がΔY変化すると効用の変化は$MU_2 \times \Delta Y$となる．ところで，一定の効用を与えるX・Y財の組み合わせである無差別曲線上では，効用の変化がないので，$MU_1 \times \Delta X$と$MU_2 \times \Delta Y$は相殺し合うことになる．よって，無差別曲線に沿って効用の変化分は，

$$MU_1 \times \Delta X + MU_2 \times \Delta Y = 0$$

が成り立つ．この式を整理すると

$$\dfrac{MU_1}{MU_2} = -\dfrac{\Delta Y}{\Delta X} = MRS = \dfrac{P_x}{P_y}$$

となる．

いま，りんご1個の効用を60，価格を200円，みかん1個の効用を40，価格を100円とする．それぞれの効用を価格で割って1円当たりに直した加重効用（効用数値）は，

りんご1個の加重効用　　$60 \div 200 = 0.3$

みかん1個の加重効用　　$40 \div 100 = 0.4$

となり，手元に所得（予算）が200円あるとき，りんご1個あるいはみかん2個買うことができるが，この時の加重効用はみかんのほうが大きいのでみかん2個買うことになる．しかし，所得が1,000円のとき，所得全部でみかん10個買う選択は正しいだろうか．

この例では，限界効用逓減の法則が働くため，数量が増加するにしたがって，限界効用は逓減している．この表より，1円当たりの効用数値はりんご3個，みかん4個のとき0.25と同じになるので，りんご3個（3×200円）とみかん4個（4×100円）買ったとき，1,000円の所

4　第1講　限界効用均等の法則

りんご			みかん		
数　量	限界効用	加重効用	数　量	限界効用	加重効用
1	60	0.3	1	40	0.4
2	55	0.275	2	35	0.35
3	50	0.25	3	30	0.3
4	45	0.225	4	25	0.25
5	40	0.2	5	20	0.2

得で最大の効用を得ることができる．なお，りんご5個，みかん5個のときの加重効用は共に0.2と同じであるが，所得1,000円では購入することができない．

すなわち，$\frac{50}{200}=\frac{25}{100}$となり，ダイヤモンドであろうが水であろうが，人々は1財の限界効用とその価格との比がすべての財について等しくなるところで財を購入することによって，最大の満足を得るのである．このように，消費者が一定の所得の枠内で効用を最大にするようにいくつかの購入計画を立てるとき，任意の財の限界効用の比率が任意の価格比率に等しい点で決まることを「限界効用均等の法則」という．

第2講　無差別曲線

学習日　　月　　日

〔問　題〕
　次の設問について説明しなさい．
(1) 一般の商品の無差別曲線について説明しなさい．
(2) 資産選択における家計（あるいは投資家）の選好として，危険回避型，危険中立型，危険愛好型の無差別曲線について説明しなさい．

〈学習上の留意点〉
　第1講では，効用は10とか8というように測定が可能であるということを前提にしていました．しかし，人間の満足度というものは心理的，生理的，感覚的現象であるから，人間の効用を数字であらわすことはできません．そこで効用を選好の順位であらわす指標で捉えたものが序数的測定です．
　たとえば，牛肉と豚肉の組み合わせが表2－1という組み合わせの場合，効用の選好順位は

図2－1

	A	B	C
牛肉	100 g	120 g	140 g
豚肉	100 g	120 g	140 g

A＜B＜Cですので，Cの組み合わせが1番効用が高いことが誰でもわかります．
　しかし，表2－2のような組み合わせはどうでしょうか？

図2－2

	A	B	C
牛肉	100 g	200 g	300 g
豚肉	800 g	590 g	410 g

この組み合わせなら，AでもBでもCでもいいかな．この組み合わせなら「差が無いよ」と答えるとします．この「差が無い」というのは英語でindifferenceすなわち「無差別」ということになります．このように家計に同じ効用をもたらす商品の組み合わせをあらわした曲線を「無差別曲線」といいます．無差別曲線は一般に原点に対して凸型で右下がりですが，この他にもいろいろな型があることを把握して下さい．

6　第2講　無差別曲線

〔参考答案例〕

(1) 無差別曲線とは「ある消費者に同一水準の効用（満足度）を与える2財のさまざまな需要量の組み合わせの軌跡」である．いま，ある消費者にとってX・Y財の2財が消費可能であるとする．たとえば，図2－1の無差別曲線I_1の(X_1, Y_1)の組み合わせと(X_2, Y_2)の組み合わせは，この消費者にとって同一水準の効用を与えるものである．すなわち，この曲線上ならばどの組み合わせを選択しても差が無い（indifference）ので無差別曲線といわれる．無差別曲線は次のような4つの性質を持っている．

① 右上方に位置するもの程高い効用水準をあらわす．

図2－1において無差別曲線I_1とI_2を比較するとA点はY財がB点とY_1量で同じであるが，X財はB点よりも多い（X_2-X_1）ため高い効用水準に対応する．このように無差別曲線は原点から右上方へ離れれば離れるほど，より高い効用水準に対応している．

② 右下がりである．

消費者にとって，財の需要量が増加すれば効用は高まり，反対に財の需要量が減少すれば効用は低下する．したがって，どちらか一方の財の需要量を増加したならば，以前と同一の効用水準を保つためには他方の財の需要量を減らさなければならない．それゆえ，無差別曲線は右下がりの形状をとるのである．

③ 相互に交差しない．

図2－2で描かれているように，2本の無差別曲線がA点で交差していたとしよう．A点とB点は無差別曲線I_1上にあるのでお互いに無差別である．同様に，A点とC点も同じ無差別曲線I_2上にあるのでお互いに無差別である．したがって，A＝B，A＝CであるのでB＝Cにならなければならない．しかしながら，B点の方がC点よりもX財，Y財ともに多いため，B点がC点よりも選好される．ここに消費者の選好に関する仮定との矛盾が生じるのである．それゆえ，無差別曲線は相互に交差することはない．

④ 原点に対して凸である．

無差別曲線が原点に対して凸であるという性質は，「限界代替率逓減」の仮定から導くことができる．「限界代替率」とは，ある財（X財）の消費を1単位増やしたときに，効用水準を一

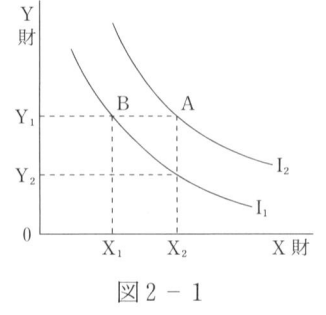

図2－1

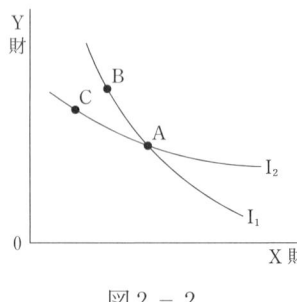

図2－2

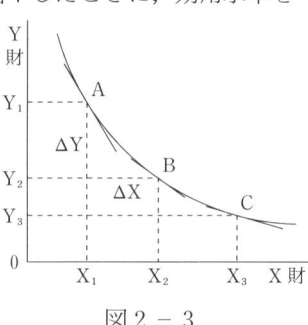

図2－3

定に保つため消費者が犠牲にしなければいけない他財（Y財）の量との比率のことであり，X財とY財の変化分をそれぞれ ΔX，ΔY であらわせば，限界代替率（MRS）は，MRS $= -\dfrac{\Delta Y}{\Delta X}$ と定義される．これは無差別曲線上の各点の勾配の絶対値に負の符号をつけた値に等しい．そして，効用水準を一定に保つためには，X財の需要量が多くなるにつれて消費者が犠牲にするY財の需要量がしだいに小さくなっていくことを「限界代替率逓減の法則」という．このことは，X財の量が増加するにつれて無差別曲線の勾配がしだいに緩やかになっていくということであり，図2－3のA，B，Cの各点の接線の勾配によって容易に観察することができる．このように，無差別曲線が原点に対して凸であるという性質は，「限界代替率逓減」を仮定することに他ならないのである．

(2) 資産選択における家計（投資家）が，一定期間後の富を最も良い状態にしようと行動する場合，自分の富をどのように投資するか，あるいはどのような割合でさまざまな資産を保有するかが問題になる．全ての資産が安全資産ならば，一番収益の高い資産を保有すれば最大の収益を得られるから問題はない．しかし，現実には収益の不確実な資産が存在するので，どのような割合で株式などの危険資産を保有し，どのような割合で定期預金などの安全資産を保有するかが問題になる．

図2－4は危険回避型の無差別曲線で，リスクが増大すると一定の効用を維持するためには，より高い期待収益率が必要になるため，無差別曲線は右上がりになる．図2－5は危険中立型の無差別曲線で，リスクに関係なく期待収益率の水準だけによって効用水準が決定されるので，無差別曲線は水平になる．図2－6は危険愛好型の無差別曲線で，リスクが増大したときに一定の効用を維持するために期待収益率はより低くても良いと考えられるので，原点に対して凹型で右下がりになる．なお，これらの無差別曲線は収益率が大きいほど効用は高いので，より上方に位置するものほど効用は大きくなる．

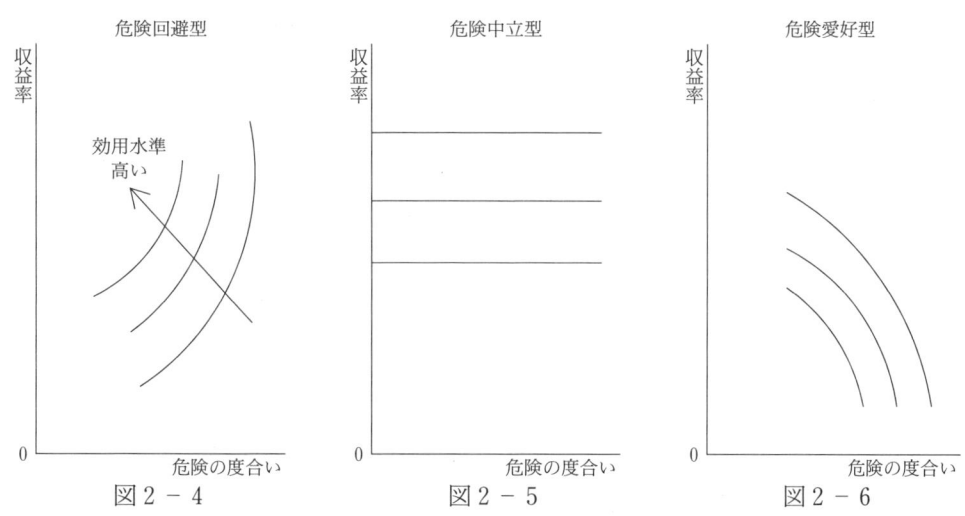

図2－4　　　　　　図2－5　　　　　　図2－6

第3講　消費者均衡と所得の変化

　　　　　　　　　　　　　　　　　　　　　　　学習日　　　月　　　日

〔問　題〕
　消費者の最適需要量の決定について説明し，所得の変化が需要量に及ぼす効果について検討しなさい．

〈学習上の留意点〉

　消費者均衡における問題は非常に多いです．この設問では予算線の式を把握することにポイントがあります．予算線の式から勾配，切片を導出するように答案を構成して下さい．特に予算線の勾配が2財の価格比になるということは必ず把握して下さい．また，無差別曲線と予算線の接点では，無差別曲線の勾配と予算線の勾配が等しくなる $\left(\frac{\Delta Y}{\Delta X}=-\frac{P_x}{P_y}\right)$ ということが大切です．

　「限界代替率」に負の符号がつく理由が理解できない人が多いです．「限界代替率」とは，ある財（X財）の消費量を1単位増やしたときに，効用水準を一定に保つため消費者が犠牲にしなければならない他財（Y財）の量との比率であり，X財とY財の変化分をそれぞれ ΔX，ΔY であらわせば，限界代替率（MRS）は，$MRS = -\frac{\Delta Y}{\Delta X}$ と定義されます．ここで負の符号がついているのは，限界代替率を正の値で定義するためです．たとえば，第2講の表2－2の場合，牛肉をX財，豚肉をY財とします．牛肉と豚肉の組み合わせがAからBへシフトした場合，牛肉を100g増して豚肉を210g減らしているので，限界代替率は $-\frac{\Delta Y}{\Delta X}=-\left(\frac{-210}{100}\right)=2.1$ になります．同様にBからCへのシフトは $MRS=-\left(\frac{-180}{100}\right)=1.8$ になります．このように限界代替率をプラスであらわし，2.1，1.8と減少していくことを「限界代替率逓減」といいます．

　所得（予算）が変化した場合は，予算線はそのまま平方にシフトします．その場合の消費者均衡の軌跡を「所得・消費曲線」といいます．その方向によって財が上級財と下級財に分けられることを図解できるようにして下さい．

〔参考答案例〕

　いまある一家庭をとりあげ，その家庭の今期（たとえば今月1ヵ月）の所得（予算）を M_0 円として考察をすすめてみよう．ここで所得はすべて消費者のために支出されるものとする．問題を単純化するために，二種類の消費財 X 財と Y 財だけがその購入対象であるものとし，X 財と Y 財の市場における単位価格をそれぞれ P_x 円，P_y 円，数量を X，Y であらわすならば，予算線の式は

　　　$M_0 = P_x X + P_y Y$

となる．もしこの家庭が所得 M_0 円を全て Y 財の購入にふりむけるならば購入量は $\frac{M_0}{P_y}$ となる．これを図3－1の縦軸に測って A_1 とする．同様に所得 M_0 円を全て X 財の購入にふりむけるならば購入量は $\frac{M_0}{P_x}$ となる．これを図3－1の横軸に測って B_1 とする．この A_1 と B_1 の二点を結ぶ直線を「予算線」というが，この直線は所得 M_0 円で購入可能な X 財と Y 財の全ての組み合わせを示すものである．すなわち，線分 $A_1 B_1$ の内側で二財の組み合わせを選ぶならば予算は余ってしまうことになり，反対に線分 $A_1 B_1$ の外側で二財の組み合わせを選ぶならば予算は不足することになる．

　この予算線に対し，市場には無数の無差別曲線（右下り，右上方に位置するもの程高い効用水準をあらわす，相互に交差しない，限界代替率逓減の仮定から原点に対して凸型）が存在するが，予算線と無差別曲線の接する E_0 点がこの家計の選択すべき X 財，Y 財の最適な組み合わせである．なぜなら一定の所得で購入できる X 財と Y 財の組み合わせは $A_1 B_1$ 線に交わる無差別曲線の中では，それに接するものが，この家計の最も大きな満足を与えるからである．つまり E′，E″ においては予算線と無差別曲線 I_1 が交差しているが，無差別曲線 I_2 よりも少ない満足しか与えないからである．もちろん，無差別曲線 I_3 の示す選好水準は無差別曲線 I_2 のそれよりも高く，より好ましい組み合わせを示しているが，当該家計の予算線から離れておりこの予算をもってしては実現不可能であるので，考察から除外しなければならない．この最適需要量を示す E_0 点を「消費者均衡点（または主体的均衡点）」という．

　この均衡点 E_0 においては予算線と無差別曲線 I_2 とが接しているので，無差別曲線の勾配 $\left(\frac{\Delta Y}{\Delta X} : \Delta Y < 0, \Delta X > 0\right)$ と予算線の勾配 $\left(-\frac{P_x}{P_y}\right)$ が等しくなっている．両辺はマイナスを掛けると $-\frac{\Delta Y}{\Delta X} = \frac{P_x}{P_y}$ となり，$-\frac{\Delta Y}{\Delta X}$ は限界代替率（MRS）であるから，均衡点 E_0 においては次の関係式が成立していることになる．

　　　$MRS = \frac{P_x}{P_y}$

この式は，家計の需要行動における均衡条件式である．換

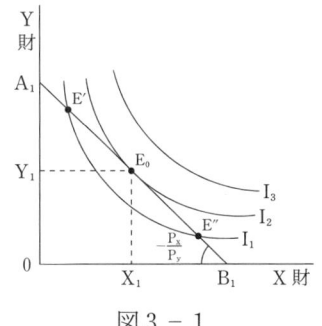

図3－1

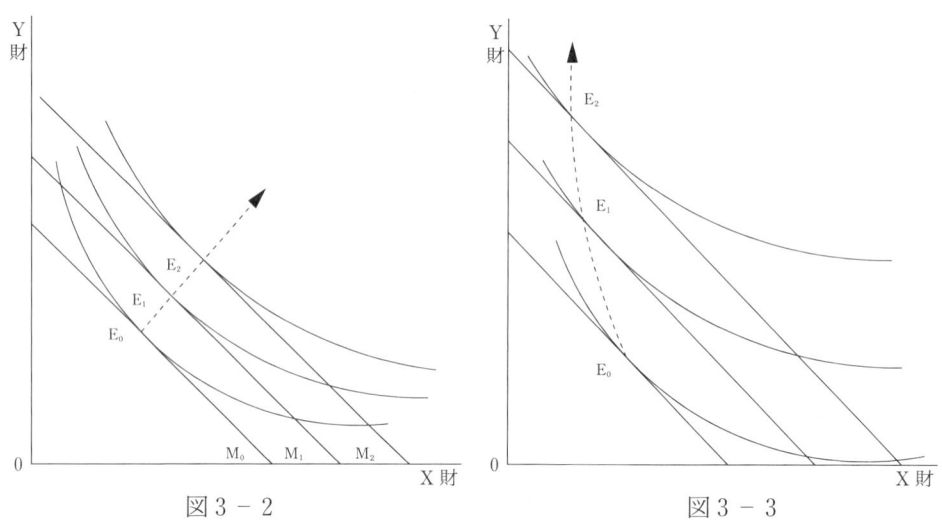

図3-2　　　　　　　　　　　図3-3

言すれば，一定の所得のもとで，効用の最大化をもたらす消費者均衡点においては，限界代替率と2財の価格比の均衡条件が満たされているのである．すなわち，この条件が満たされたときのみ最適需要量が決定し，X財をX_1量，Y財をY_1量消費したときこの消費者は最大の満足を得ることができる．ここで，X財，Y財の価格は不変で家計の所得M_0がM_1，M_2……と増加すると予算線は図3-2のように上方へ平行移動するので，消費者均衡点もE_0，E_1，E_2……へと移動する．この均衡点の変化の推移の軌跡を「所得―消費曲線」という．この所得―消費曲線が図3-3のような形によってあらわされる場合，所得の上昇に伴ってX財の需要量が減少しているが，このような財を下級財という．反対に所得の上昇に伴ってY財の需要量が増加しているが，このような財を上級財という．たとえば，扇風機が下級財でクーラーが上級財である．

第4講 コーナー解

学習日　　月　　日

〔問　題〕
　消費者の合理的行動に関して，次の設問について説明しなさい．
(1) 無差別曲線と予算線の接点で効用が最低になるケースについて説明しなさい．また，このとき効用が最大になる点について図解しなさい．
(2) 一般に財はグッズ（購入すると効用が高まる）を対象にしておりバッズを対象にしていないが，ここでは，Y財はグッズであるがX財はその消費量が増加すると効用が低下するバッズである場合の消費者均衡について説明しなさい（ただし，X財を捨てたり，他人に与えたりせず自ら消費することを前提とする）．

〈学習上の留意点〉

　第2講で説明したように無差別曲線にはいろいろな型があります．第3講で説明したように消費者均衡の場合は，予算線と無差別曲線の接点で消費者は最大の満足を得ることができますが，予算線と無差別曲線の接点において消費者の満足度が最低になる場合があります．このようなケースがコーナー解です．無差別曲線が右下がりの一般的な消費者均衡の場合は出来が良いのですが，コーナー解の出来は悪いので出来なかった人は必ず説明できるようにして下さい．
　コーナー解には，設問のケース以外にも下図のように無差別曲線が横軸に水平なケース（図4-1），横軸に垂直なケース（図4-2），無差別曲線の勾配が予算線の勾配よりも緩やかなケース（図4-3）がありますので，この機会に把握して下さい．

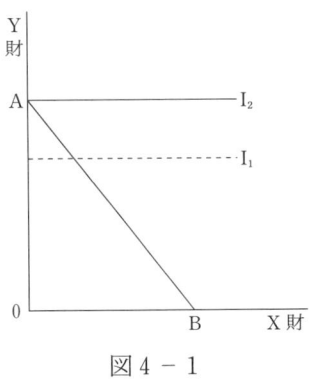

図4-1

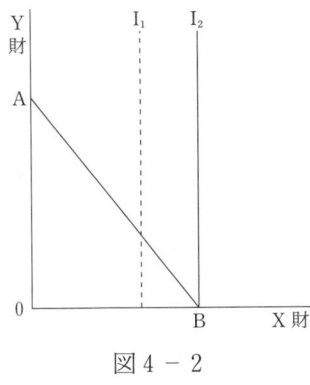

図4-2

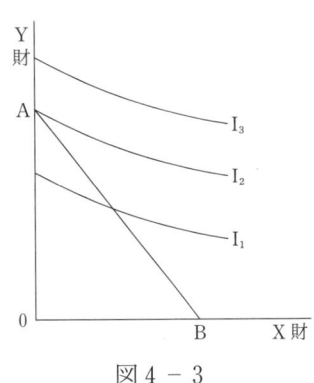

図4-3

12　第4講　コーナー解

〔**参考答案例**〕

(1) 家計の行動原理は，一定額の所得（予算）と市場価格の下で，財・サービスの消費から得られる効用を最大にするよう消費行動を行なうことである．一般に，無差別曲線の勾配と予算線の勾配が一致するところで家計の効用は最大になるが，無差別曲線の形状によってはこの条件が成立しないことがある．つまり，一方の財・サービスだけしか購入されない点が，家計の消費最適点になる場合をコーナー解と呼んでいる．

無差別曲線と予算線の接点で効用が最低になるような特性を持つX財とY財とは，具体的には耳栓とステレオのようにどちらか一方を使えば効用は増加するが，両方を同時に使えばかえって効用が低下するような財である．このケースの無差別曲線は，①右下がりである，②原点より右上方に位置するものほど高い効用水準を示す，③相互に交差しない，④原点に対して凹型であるという特性を有する．ここで④の特性は限界代替率逓増を仮定するからである．

予算線とは，所得を全て消費支出に当てた場合，消費財を最大限どれだけ購入できるかをあらわす線である．いま，2種類の消費財X財とY財だけがその購入対象であるものとし，所得をM_0，X財とY財の市場における価格をP_x円，P_y円，数量をX，Yであらわすならば，予算線の式は，

$$M_0 = P_x X + P_y Y$$

となる．もし，家計が所得M_0円を全てY財の購入に振り向けるならば，購入量は$\frac{M_0}{P_y}$となり図4-5のY軸の切片となる．同様に所得M_0円を全てX財の購入に振り向けるならば，購入量は$\frac{M_0}{P_x}$となりX軸の切片となる．ここで各々の切片をY_0，X_0とするならば，このY_0とX_0を結ぶ線を予算線といい，勾配は$-\frac{P_x}{P_y}$となる．このとき，予算線と無差別曲線の接点E点では，X財をより多く需要することで，効用は増加するので，E点の選択は効用を最も小さくするものである．与えられた予算線の下で，最も高い効用を確保しようとする家計は，無差別曲線と横軸の交点を選択する．すなわち，図4-5においてX財をX_0量需要することで効用を最大にすることが出来るからである．したがって，無差別曲線が原点に対して凹型である場合には，通常の効用最大化条件である限界代替率＝価格比は成立せず，限界代替率＞価格比という関係がみられる．

(2) 予算線は(1)で説明したものと同じであり，勾配は$-\frac{P_x}{P_y}$，Y軸の切片は$\frac{M_0}{P_y}$，X軸の切片は$\frac{M_0}{P_x}$となり，各々の切片をY_3，X_2とする．図4-6においてY財はグッズであるが，X財はその消費量が増加すると効用が低下するバッズである消費者の無差

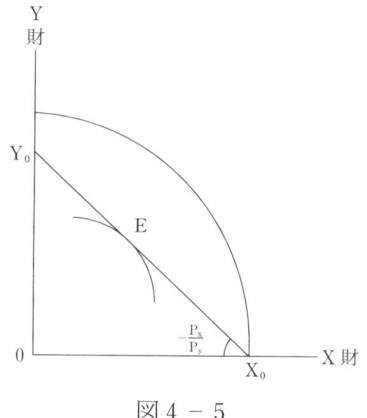

図4-5

別曲線をあらわしている．ここでは設問より X 財を捨てたり，他人に与えたりせず自ら消費することを前提とする．たとえば，お酒は好きではないが「付き合い上」飲まなければならないことがある．いま，X 財を X_1，Y 財を Y_1 消費しているとき（D 点），Y 財の消費は変化せずに，X 財の消費が ΔX 増加するとしてみよう．X 財はバッズであるのでその消費は効用を引き下げる．したがって，この効用の低下を相殺して効用を I_1 の水準に保つためには，Y 財の消費は ΔY だけ増加しなければならない．したがって，無差別曲線は右下がりではなく I_1 や I_2 のように右上がりになる．また，X 財がバッズであればその消費が増加するにつれて，効用の低下はしだいに大きくなると考えられるので，より多くの Y 財を消費しなければ効用の低下を相殺できなくなるであろう．これが，無差別曲線が下方に凸になる理由である．C 点と D 点を比較すると，X 財の消費量は X_1 と同じであるが，C 点のほうが Y 財の消費量は多い．したがって，効用は I_1，I_2，I_3 の順で大きくなる．予算線 Y_3X_2 の中で効用を最大にする最適消費の組み合わせは Y 財が Y_3 で，X 財がゼロになり，その時の効用は I_3 である．

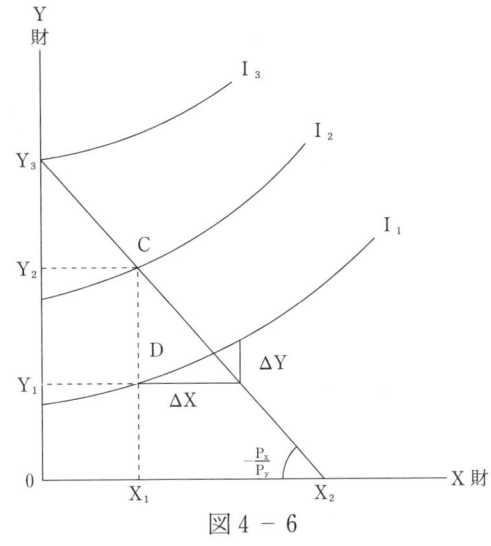

図 4 − 6

第5講 消費者均衡と価格の変化（需要曲線の導出）

学習日　　月　　日

〔問 題〕

家計の消費行動について次の設問について説明しなさい．なお，問題を単純化するために，二種類の消費財X財とY財だけがその購入対象であり，所得はM_0，X財とY財の市場における単位価格をそれぞれP_{x0}円，P_{y0}円，数量をX，Yであらわす．

(1) X財の価格が下落した場合，代替効果と所得効果を明確にしながら需要曲線を導出しなさい．なお，X財・Y財は共に上級財である．

(2) X財・Y財の価格は一定で共に上級財である場合，所得水準が変化した時の需要曲線の変化について説明しなさい．

(3) X財がギッフェン財である場合，価格が上昇した時の需要曲線を導出しなさい．

〈学習上の留意点〉

第3講は所得の変化の消費者均衡点の軌跡でしたので「所得—消費曲線」でしたが，ここでは価格変化の消費者均衡点の軌跡ですので「価格—消費曲線」になります．所得を価格に置き換えればいいのですから，覚えるのは簡単だと思います．この設問では，価格の変化による「代替効果」と「所得効果」の2つの効果を図解することにポイントがあります．「代替効果」と「所得効果」をまとめると表5－1と表5－2のようになります．テキストでは下の表の「下級財のX財の需要増加」は「？」の場合が多いです．しかし現在の経済において，各家庭は多種多様な財を購入しており，下級財であっても代替効果を上回るような所得効果が作用することは無いといわれていますので，下級財の場合でも需要曲線は右下がりになります．したがってギッフェン財の場合は例外的なケースといえます．

表5－1　X財の価格低下の効果

	代替効果	所得効果	X財の需要	需要曲線
上　級　財	増　加	増　加	増　加	緩やかな勾配の右下り
下　級　財	増　加	減　少	増　加	急な勾配の右下り
ギッフェン財	増　加	減　少	減　少	左下り

表5－2　X財の価格上昇の効果

	代替効果	所得効果	X財の需要	需要曲線
上　級　財	減　少	減　少	減　少	緩やかな勾配の右下り
下　級　財	減　少	増　加	減　少	急な勾配の右下り
ギッフェン財	減　少	増　加	増　加	右上り

〔参考答案例〕

(1) 経済学における家計の合理的な行動は効用最大化原理に基づいて説明される．ある家庭の所得をM_0円とし，所得はすべて消費財購入のために支出されるものとする．X財とY財の価格をそれぞれP_{x0}円，P_{y0}円，数量をX，Yであらわすならば，予算線の式は $M_0 = P_{x0}X + P_{y0}Y$　∴$Y = -\frac{P_{x0}}{P_{y0}} + \frac{M_0}{P_{y0}}$となる．この式より縦軸の切片$\frac{M_0}{P_{y0}}$（図5－1－1の$A_1$），勾配$-\frac{P_{x0}}{P_{y0}}$，横軸の切片$\frac{M_0}{P_{x0}}$（図5－1－1の$B_1$）の直線が得られる．この直線を「予算線」といい，予算M_0円で購入可能なX財とY財の全ての組み合わせを示すものである．

この予算線に対し，市場には無数の無差別曲線が存在する．無差別曲線は①右下り，②右上方に位置するもの程高い効用水準をあらわす，③相互に交差しない，④限界代替率逓減の仮定から原点に対して凸型という性質を持つ．予算線と無差別曲線I_1の接するE_1点がこの家計の選択すべきX財，Y財の最適な組み合わせである．この最適需要量を示すE_1点を「消費者均衡点」という．

いまX財の価格がP_{x0}からP_{x1}へ下落したとすれば，一定の所得で買うことのできるX財の量も多くなる．ここで，Y財の価格は変化しないとすると，図5－1において予算線A_1B_1はA_1B_2へと変化し，無差別曲線I_1とE_2点で接し，X財の需要量は$x_0 \to x_2$へと増加する．このプロセスは「代替効果」と「所得効果」の2つの効果で説明できる．

図5－1－1において，予算線A_1B_1に平行なもう1つ仮の予算線A_2B_3を引き，それと無差別曲線I_1との接点をE_1とする．このA_2B_3はA_1B_1に平行なのだから，X財の価格下落によって(A_2-A_1)だけ実質所得が増加したことを意味する．それゆえ均衡点の$E_0 \to E_2$の移動は，A_2B_3の導入によって$E_0 \to E_1$の移動と$E_1 \to E_2$の移動の合成として理解することができる．すなわち$E_0 \to E_1$の移動は，実質的な所得増加に起因するという意味で「所得効果」と呼び，$E_1 \to E_2$の移動は，相対的に高価格となったY財に代えるという意味で「代替効果」と呼ぶのである．したがって，需要量$x_0 \to x_2$の増加の要因は，所得効果$x_0 \to x_1$と代替効果$x_1 \to x_2$の2つの効果の合成であることがわかる．

まず代替効果についてみると，E_2点は必ずE_1点の右側に位置するので必ずX財の需要増加をもたらすことが図5－1－1によって明らかである．それは限界代替率逓減の仮定（無差別曲線が原点に対して凸の形状をもつという仮定）から必然的に生ずる帰結である．設問よりX財が上級財であるので，所得効果はX財の需要を増加させる．以上のことから代替効果と所得効果の総効果は必

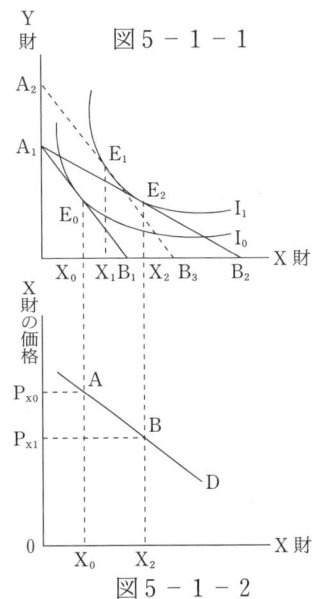

図5－1－1

図5－1－2

16　第5講　消費者均衡と価格の変化（需要曲線の導出）

ず増加することになりX財の需要を増加させる．いま図5－1－2の横軸に図5－1－1と同じX財の需要量をとり，縦軸にはX財の価格Pをとる．つまり$A_1 B_1$に対応する価格を$0 P_{x0}$とし，$A_1 B_2$に対応する価格を$0 P_{x1}$にし，それぞれ価格の下で定まるX財の需要量をそのまま図5－1－2の横軸に移す，すなわち価格P_{x0}のときX財の需要量はX_0となりA点が得られる価格がP_{x1}に下落したときのX財の需要量はX_2となりB点が得られる．このA点とB点を結ぶと需要曲線Dを得ることができる．このようにある財が上級財であれば，その財の価格下落は需要増加をひきおこすので右下りになる．

(2)　X財・Y財の価格は一定で，所得水準が上昇した場合，図5－2－1において予算線は$A_1 B_1$から$A_2 B_2$へ上方に平行移動する．このとき，消費者均衡点はE_0からE_1へシフトし，X財の価格はPx_0のもとで数量もx_0からx_1へ増加する．このことから所得の増加は図5－2－2のように需要曲線を右にシフトさせる．逆に，所得の減少は需要曲線を左にシフトさせる．

(3)　一般的に価格の上昇は，その財に対する需要の減少を引き起こすが，例外的にこの「需要の法則」が当てはまらない場合がある．それは所得効果による需要増加が代替効果の需要減少を上回る場合には，価格の高騰がかえって需要量を増加させる場合である．いま図5－3－1において，X財の価格がP_{x0}からP_{x1}へ上昇した場合，消費均衡点は$E_0 \to E_1$に移動し，X財の需要量は$X_0 \to X_1$に増加する．この現象は，1845年のアイルランドの飢饉でジャガイモの値段が急上昇したとき，貧しい階層の人々のジャガイモに対する需要が増加したという事実にはじめて注目した人の名前にちなんで「ギッフェン財」と呼ばれており，需要曲線は図5－3－2のように右上がりとなる．

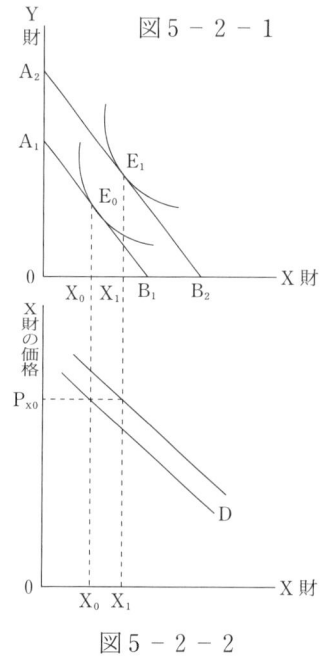

図5－2－1

図5－2－2

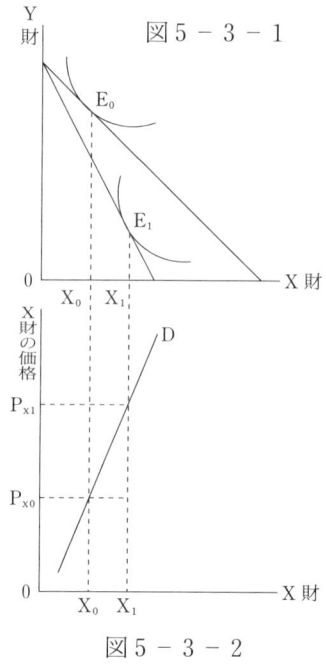

図5－3－1

図5－3－2

第 6 講 　家計の労働供給曲線

　　　　　　　　　　　　　　　　　　　　　　　　　学習日　　　月　　　日

〔問　題〕
　　家計の労働供給曲線について説明しなさい．

〈学習上の留意点〉
　家計の労働供給曲線を独立した課題として勉強している人が多いのですが，これは消費者均衡の応用問題と考えれば覚えるのは簡単です．余暇と所得の無差別曲線は第2講と同じ内容ですし，第3講の予算線をここでは等賃金率線に置き換えればよいのです．そして，第5講で勉強した，「価格が変化した場合の消費者均衡」の考え方と同様の構成で，「所得効果」と「代替効果」を吟味していけばこの設問が説明できます．
　なお学習ガイダンスの参考書1のテキスト p.80 の図や第7講の図7−2のように描かれる場合がありますが解説の図と考え方は同じです．どちらか覚えやすい方で把握して下さい．

第6講　家計の労働供給曲線

〔参考答案例〕

　家計は消費生活を営むために所得を得なければならない。所得を得るためには，労働を生産活動に提供しその代償として賃金を得る。反面，働かないですむ時間は自分の余暇活動（レジャー）に使用することができる。したがって，各家庭は所得を得るためにどれだけの時間を労働にあてるべきかという選択の問題として扱うことができる。労働者にとっては，一般に余暇時間が多ければ多いほど望ましい。そこで労働供給の問題は，余暇と所得とを選択対象とする労働供給者が利用可能な時間をどのように配分するかという問題として扱うことができる。

　図6-1において，縦軸に余暇の量（1年365日，1日24時間とか，1日のうち睡眠時間を除く利用可能時間を $24-8=16$ 時間とか色々な測り方がある），横軸に所得の大きさを測ると，余暇と所得の組み合わせについてある無差別曲線群 I_1, I_2……を想定することができる。たとえばある労働者にとって I_1 上のA点は，余暇は多いが所得は比較的少ない組み合わせを示し，このA点は所得はそれより多いが余暇が少ないB点と同一水準の効用を与えるという意味で無差別である。図6-1のC点は余暇の量はA点と同じだが，所得の大きさはA点より大きく，逆にB点からみると所得の大きさは同じだが余暇の時間が大きい。したがって，C点はA点あるいはB点よりも高い効用水準をあらわしており，C点を通る無差別曲線 I_2 は I_1 より高い効用水準を意味しており，無差別曲線が原点から遠ざかるほど，より高い効用水準に対応している。

　次に，図6-2のように縦軸に労働者の使用できる時間を測ると，0Nは労働者の使用可能時間（単純化のため1日24時間とする）となる。他方，横軸に所得を測り1時間当たりの賃金を W_1 とすると，$0X_1$ は24時間全て働いたときの1日当たりの総所得に当る。Nと X_1 を結んで得られる直線は，1時間当たり賃金 W_1 に対応して引かれた等賃金率線である。

　そこで，前述した無数の無差別曲線群の中からこの直線 NX_1 に接するものをみつけ，それを I_1 とし接点を E_1 とする。E_1 に対応する縦軸の NL_1 が賃金率 W_1 のときの合理的な労働力の提供量を，$0M_1 = NL_1 \times W_1$ がそのときの稼働所得をあらわす。

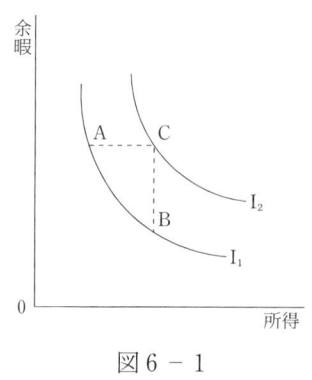

図6-1

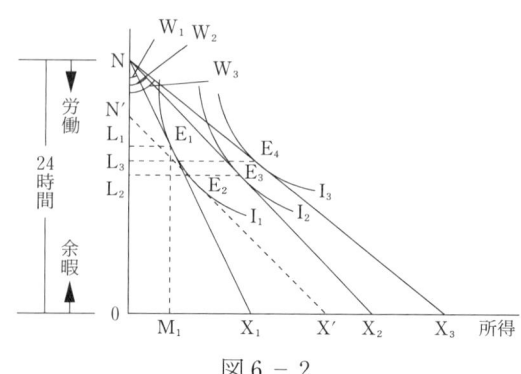

図6-2

次に，賃金率が変化したとき労働供給量はどのように変わるかを考えてみよう．賃金率 W_1 から W_2 へと上昇すると総所得は $0X_1$ から $0X_2$ に変化し，所得と余暇の組み合わせの選択は E_1 から E_3 へと移動するが，労働供給量が増加するか減少するかは，賃金率上昇による2つの効果，すなわち代替効果と所得効果の相対的な大きさに依存する．直線 $N'X'$ は直線 NX_2 と同じ勾配であり，E_1 を通る無差別曲線 I_1 と E_2 で接する直線である．E_1 から E_2 への効果が代替効果であり，E_2 から E_3 への効果が所得効果である．この時，労働供給量は E_3 に対応する縦軸の NL_2 となる．

余暇を1単位減らしそれを労働にむけるならば，それだけ賃金所得が増加することになるので，余暇は賃金を犠牲にしているという意味で賃金率は余暇の機会費用となる．したがって，賃金の上昇は余暇の機会費用を高め，余暇を相対的に高価なものとする．この結果，賃金上昇による代替効果は余暇を少なく（労働供給量を多く）するよう働く．これが E_1 から E_2 への効果である．一方，余暇は上級財であるので，賃金上昇による所得効果は余暇を増加させる．それが E_2 から E_3 への効果である．しかし，賃金が W_3 へと上昇すると均衡点は E_4 となる．この点では所得効果が代替効果よりも大きくなり，労働供給量は NL_2 から NL_3 へ減少する．このように，賃金上昇による代替効果と所得効果は余暇時間（労働時間）に対して反対方向に働くが，どちらの効果が大きいかによって，賃金上昇の余暇時間に対する効果が異なる．

図6－3は図6－2に対応する労働供給曲線である．図6－2の余暇・所得選択における E_1，E_3，E_4 の軌跡は，一般に賃金率がある水準（ここでは E_3）を越えると労働供給は逆に減少することが認められている．

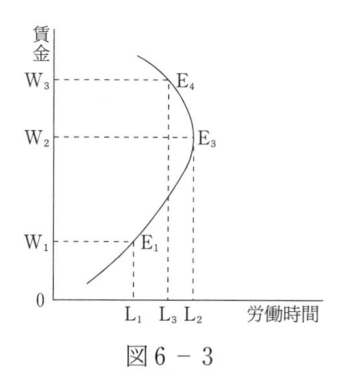

図6－3

すなわち余暇は「上級財」であるから，ある所得水準をすぎると所得効果が代替効果より大きくなっていき労働供給曲線は上方へいくにつれて左上方へ屈折していくのである．

第7講　等利潤線と労働曲線

学習日　　月　　日

〔問　題〕
　労働市場に関して次の設問について説明しなさい．
(1) 等利潤線と生産関数を使って労働の需要曲線を導出しなさい．
(2) 無差別曲線と予算線を使って労働の供給曲線を導出しなさい．
(3) 長引く不況で新卒の雇用が少なくなっている状況を労働の需要曲線と供給曲線を使って説明しなさい．

〈学習上の留意点〉

　企業にとって最大の利潤をもたらす最適労働投入量は，生産関数と等利潤線の接点で与えられますが，この接点は等利潤線の勾配$\frac{W}{P}$と生産関数の勾配$\frac{\Delta Y}{\Delta L}$（労働の限界生産物）が等しくなる点です．すなわち，企業にとっての最適な労働投入量についての条件は，実質賃金と労働の限界生産物が等しくなることを意味します．これは古典派の第1公準「実質賃金は労働の限界生産物に等しい」に当てはまります．つまり，企業が利潤を最大にする雇用量は実質賃金と労働の限界生産物が等しい点で決まるので，企業の利潤極大化条件と古典派の第1公準は同じということになります．古典派の第1公準からなら労働の需要曲線を導出できたのに，等利潤線という設問のために出来なかったという人もいたと思いますので，両方の理論から労働の需要曲線を図解できるようにして下さい．なお，(2)は第6講と考え方は同じで右上り部分のみを考えています．(3)は賃金の下方硬直性より不況でも新卒の初任給は下がらないということにポイントがあります．

〔**参考答案例**〕

(1) 企業の行動原理は利潤最大化にある．企業の利潤 π_0 は，生産物の売上から生産費用を控除することによって得られる．いま，企業の労働投入量を L，生産量を Y，生産物の市場価格を P，名目賃金を W_0，固定費用を B とすれば利潤 π_0 は，$\pi_0 = PY - W_0 L - B$ とあらわすことができる．この式を生産量 Y の式に整理すると，$Y = \dfrac{W_0}{P} L + \dfrac{\pi_0 + B}{P}$ になる．この式は一定の利潤 π_0 を保証する生産量 Y と労働投入量 L の組み合わせをあらわすもので等利潤線と呼ばれ，勾配は $\dfrac{W_0}{P}$，縦軸との切片は $\dfrac{\pi_0 + B}{P}$ となる右上がりの直線として与えられる．一方労働量が増加すればするほど生産量は増加するので，労働量 L と生産量 Q との間の生産関数は $Q = F(L)$，$\dfrac{\Delta Y}{\Delta L} > 0$ としてあらわされる．しかし，労働量が増加するにつれて「収穫逓減の法則」が作用するため，生産関数の形状は図7-1のように下に凸型として描かれる．

これらの与えられた条件のもとで，企業にとって最大の利潤をもたらす最適労働投入量は，生産関数 F(L) と等利潤線 π_0 との接点 E_0 に対応する L_0 の水準となる．ここで，P が一定のもとで名目賃金が W_0 から W_1 に上昇したならば，実質賃金も $\dfrac{W_0}{P}$ から $\dfrac{W_1}{P}$ に上昇し，等利潤線の式は $Y = \dfrac{W_1}{P} L + \dfrac{\pi_1 + B}{P}$ となり，勾配が急になる．そして，企業にとって利潤最大化を保証する生産関数と等利潤線の接点は E_0 から E_1 へ左方に移動し，労働需要量は L_0 から L_1 に減少することになる．よって実質賃金と企業の最適労働量との関係は図7-3の右下がりの D 曲線として与えられることになる．

図7-1

(2) 労働供給曲線は，家計の労働選択に関する効用最大化行動から求められる．家計は余暇 L と消費財 Y の消費から効用を得るとすると，効用関数 U は $U = U(L, Y)$ となる．また，単位時間当たりの賃金率と労働供給時間を W_0 と N で示すと，家計の所得は $W_0 N$ となる．ここで，家計の所得を全て消費財の購入に当てるとした場合，消費財 Y の価格を P とすると $W_0 N = PY$ となる．また，

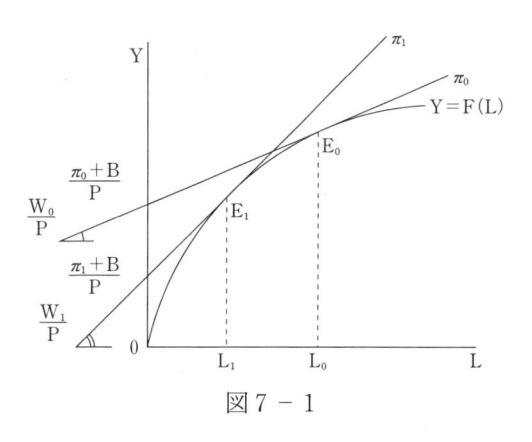

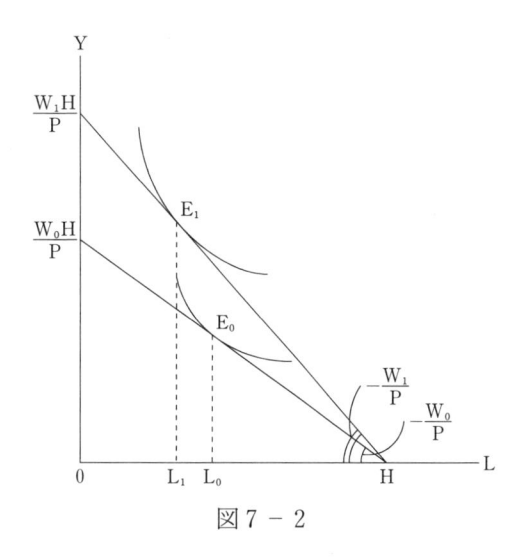

図7-2

Hをこの家計の利用可能な最大時間とするとL＝H－Nとなるので$W_0N=PY$は，$W_0(H-L)=PY$であらわされる．この式を消費財Yで整理すると，$Y=-\frac{W_0}{P}L+\frac{W_0H}{P}$となり，勾配が$-\frac{W_0}{P}$，縦軸切片が$\frac{W_0H}{P}$の予算線として図7－2のようにあらわされる．

家計の効用最大化行動の結果，無差別曲線と予算線の接点E_0で効用を最大にする組み合わせとなる最適な余暇L_0が決定され，最適な労働量はH－L_0になる．ここで，Pが一定のもとで名目賃金がW_0からW_1上昇したならば，実質賃金も$\frac{W_0}{P}$から$\frac{W_1}{P}$に上昇し，予算線の式は$Y=-\frac{W_1}{P}L+\frac{W_1H}{P}$となり，勾配が$-\frac{W_1}{P}$，縦軸切片が$\frac{W_1H}{P}$になるので図2のように勾配が急になり縦軸切片が上昇する．この結果予算線と無差別曲線の接点はE_1となり，最適な余暇はL_1になって最適な労働量はH－L_1に増加する．よって労働供給量は実質賃金の増加関数となるので，図7－3のように右上がりのS曲線として与えられることになる．

(3) いまある年度の新卒の労働市場が労働の需要曲線Dと労働の供給曲線Sの交点Eで均衡が成立していたとする．しかし，翌年は不況のため企業の求人が少なくなり，労働の需要曲線がDからD′と左へシフトする．賃金が伸縮的であるならば新しい均衡点はD′とSの交点E′に決まる．しかし，賃金は下方硬直的であるため初任給は前年度よりも下がらず，W_1に維持されているので，L_2－L_0の労働の超過供給，すなわち非自発的失業が発生することになるのである．

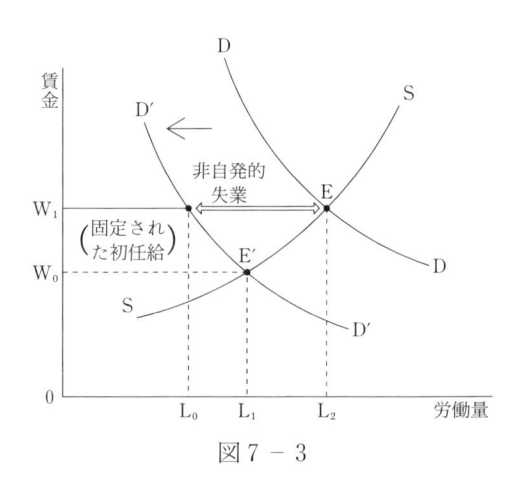

図7－3

第8講　生産者均衡

学習日　　月　　日

〔問　題〕
　いま，ある企業が労働と資本の2つの生産要素を投入して財の生産を行なっているものとする．また要素市場および資本市場は，共に完全競争市場であり，労働市場の均衡価格は w，資本市場の均衡価格は r でそれぞれ与えられているものとする．
　このときの企業行動に関して次の設問について説明しなさい．ただし，企業の労働投入量を L，資本投入量を K，財の生産量を Q とする．
(1) 企業の費用最小化行動について説明しなさい．
(2) 企業の目標生産量が変化するに伴い，最適な投入量の組み合わせは次々に変わる．そこで，企業の「拡張経路」から資本集約的な生産方法が採用されていく場合と，労働集約的な生産方法が採用されていく場合について説明しなさい．

〈学習上の留意点〉

　「生産者均衡」と「費用最小化行動」は全く同じ内容のものです．設問の仕方によってできなかったといういい訳は，勉強の仕方がいま1歩不足しているからです．答えは同じでも，設問の仕方が違うという問題はたくさんありますので，どのような設問の仕方があるかを想定して勉強すれば実力が大幅にアップします．

　アメリカやオーストラリアの農村風景をみると，広大な土地に飛行機で種や肥料をまき，トラクターやコンバインで刈り入れをしており，農民の姿はまばらです．これに対して，東南アジアの農村では，狭い田畑で牛や馬を使って人々が所狭しと働いています．すなわち，アメリカやオーストラリアの農業生産は資本集約的（資本・労働比率が大きい）であるのに対して，東南アジアの農業生産は労働集約的（資本・労働比率が小さい）であるといえます．このような生産方法の相違が生じるのは，アメリカやオーストラリアでは労働賃金（w）と資本の賃貸価格（r）の相対価格 $\left(\frac{w}{r}\right)$ が東南アジアに比べて高いからです．ここで大切なことは，東南アジアの国々の労働賃金が低いために労働集約的になるのではないということです．なぜならば，東南アジアの国々が低賃金であっても，それ以上に資本の賃貸価格も安ければ，東南アジアの農業も資本集約的になるはずです．

24　第8講　生産者均衡

〔参考答案例〕

(1) 企業活動の最終目標は，できるだけ大きな利潤を獲得することにある．そのためには，一定の生産量を最小の費用で生産するか，あるいは一定の費用で最大の生産量をつくりだすことが，前提条件となる．設問より図8－1において，横軸に労働の投入量L，縦軸に資本の投入量Kを測る．曲線Qはこの生産物のQ_1量の生産に必要な労働投入量Lと資本投入量Kの各種の組み合わせを示す．たとえば労働投入量$0L_1$と資本投入量$0K_1$の組み合わせ（M点）によっても，労働の投入量$0L_2$と資本投入量$0K_2$の組み合わせ（N点）によっても，等しくQ_1量を生産することができる．このような曲線を「等産出量曲線」という．等産出量曲線は，①原点から右上方へ離れれば離れるほど，より多くの生産量を生産する（$Q_1<Q_2<Q_3$），②右下がりになる，③お互いに交差しない，④原点に対して凸型である，という4つの特徴がある．このうち④の特徴は技術的限界代替率逓減を仮定するからである．労働量Lと資本量Kの変化分をそれぞれΔLとΔKで示すと，両者の「技術的限界代替率（MRTS）」は$-\frac{\Delta K}{\Delta L}$となり，等産出量曲線の勾配にマイナスを掛けた値に一致する．それゆえ，技術的限界代替率は等産出量曲線の接線の勾配の絶対値に等しくなっている．

また，各々のインプットの価格は生産要素市場において決定されており労働市場の1単位当たりの価格をw，資本市場の1単位当たりの価格をrとして，2つの可変的インプットの投入量を各々LとKで示すと，可変的インプットの投入に要する費用Cは，$C=wL+rK$であらわされる．それゆえ，企業の支出できる費用額がCの大きさに限定するならば，生産要素の最大可能な投入量は，$K=-\frac{w}{r}L+\frac{C}{r}$という1次式によって与えられる．これは図8－2のように勾配が$-\frac{w}{r}$（生産要素の価格比率）で，縦軸および横軸の交点が$\frac{C}{r}$，$\frac{C}{w}$の右下がりの直線として描くことができ「等費用線」と呼ばれる．そして等費用線が原点から右上方へ離れれば離れるほど，より費用のかかる生産方式に対応している．

さて企業にとって効率的な生産要素の投入は，図8－2の等産出量曲線Q_1と等費用線C_1の

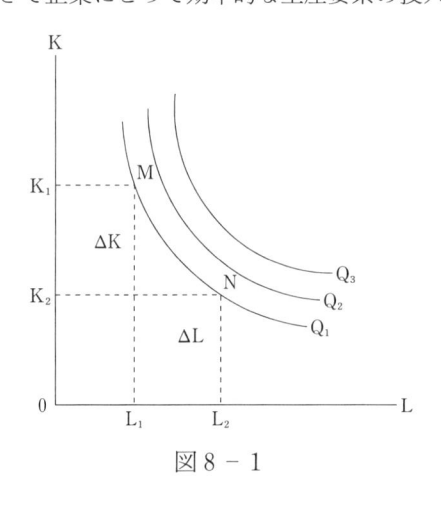

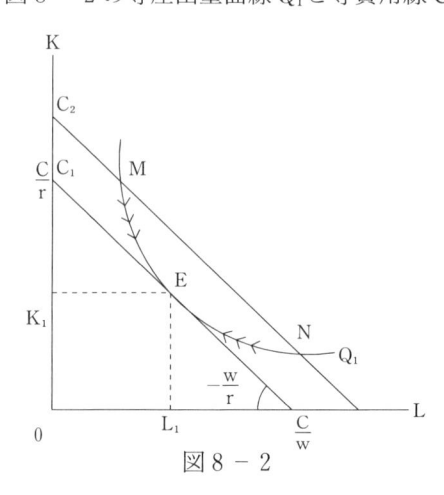

図8－1

図8－2

接する E 点である．なぜならば，等産出量曲線 C_2 が等費用線と交差する M 点では，曲線 Q_1 にそって矢印の方向に生産要素の投入量を変更すれば，同じ生産量をより低い費用で生産することが可能であり，N 点では逆の選択を行なうと良い．その結果，E 点が最小費用を実現するインプットの組み合わせを示し，生産要素 L と K の投入量はそれぞれ L_1，K_1 となる．すなわち，一定の生産量を最小の費用で可能にする生産要素の投入量，及び一定の費用で最大の生産量をもたらす生産要素の投入量は，いずれも等産出量曲線と等費用線が接する $\left(-\frac{\Delta K}{\Delta L} = \frac{w}{r}\right)$ 点である．換言すれば，効率的に生産要素を投入するためには，企業は技術的限界代替率が生産要素の価格比率と等しく（$MRTS = \frac{w}{r}$）なるように，各要素の投入量を決定しなければならない．

(2) 図 8-3 において，企業の目指す生産量が等産出量曲線 Q_1 の水準だとすれば，生産要素の投入は等費用線 C_1 との接点 E_1 に対応して，インプットを L_1，K_1 に定めると企業の費用は最小になる．次に，目標生産量が等産出量曲線 Q_2 の水準に増加したとしよう．この場合，生産要素の価格が変わらないとすれば，等費用線 C_2 接する E_2 に対応して，インプットを L_2，K_2 に定めるとき費用は最小になる．同様に生産量をさらに等産出曲線曲線 Q_3 の規模まで拡大させる場合には，等費用線 C_3 との接点 E_3 で最小費用が実現するので，最適投入量は L_3，K_3 になる．このように生産量が変化するに伴い，最適な投入量は次々に変わる．これらの等産出量曲線と等費用線の接点を結んで得られる曲線は，企業の「拡張経路」と呼ばれる．この拡張経路が横軸に対して図 8-3-a のように凸型の形をとるときは，企業規模の拡大に応じて資本―労働比率が次第に高まり，資本集約的な生産方法が採用されていくことを意味する．反対に，拡張経路が図 8-3-b のように下に凹型ならば，資本―労働比率は労働集約的な生産方法が採用されていることを意味する．

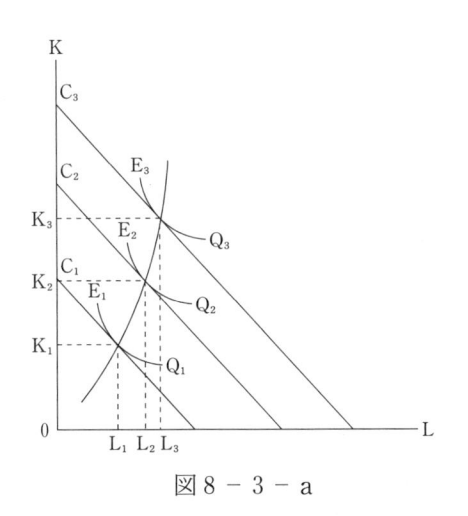

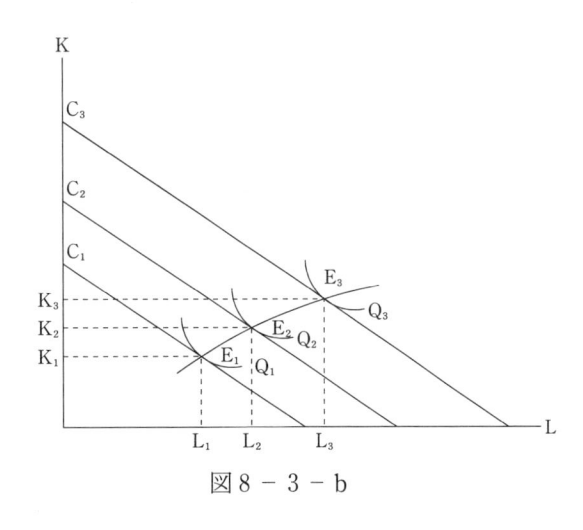

図 8-3-a

図 8-3-b

第9講　生産費の概念

学習日　　月　　日

〔問　題〕
　生産費を構成する要因を分類して説明しなさい．

〈学習上の留意点〉

　ミクロ経済学において生産費の概念は非常に重要です．生産費には総費用，固定費用，可変費用，平均費用，平均固定費用，平均可変費用，限界費用があります．特に平均費用と限界費用は色々な設問で図解が要求されますが，限界費用曲線（MC）が平均費用曲線（AC）の最低点を通ることを知っている人が少ないので，以下のように証明できます．

＊限界費用曲線（MC）が平均費用曲線（AC）の最低点を通る証明

　図9－1のQ点を平均費用（AC）の最低点とします．平均費用は総費用（TC）を生産量（Q）で割ったものですから $AC=\dfrac{TC}{Q}$ と書くことができます．そしてQ点の左側においては生産量が1単位少ないのですから，$\dfrac{TC-MC}{Q-1}$ と書くことができます．そして費用の大小関係は次のようになります．

$$\dfrac{TC}{Q} < \dfrac{TC-MC}{Q-1}$$
$$TC(Q-1) < Q(TC-MC)$$
$$TC > QMC$$
$$\dfrac{TC}{Q} > MC$$
$$\therefore AC > MC$$

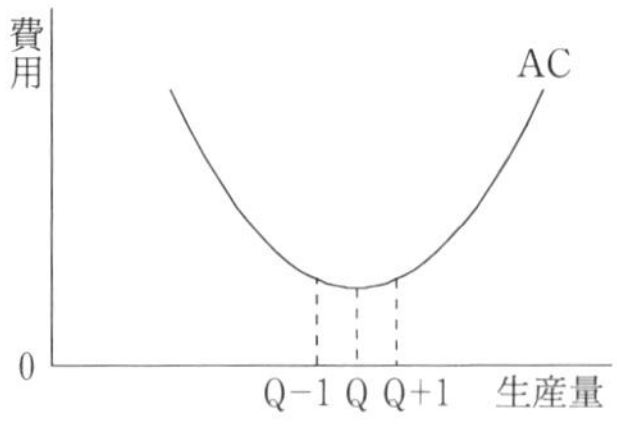

となり図9－2によって確認

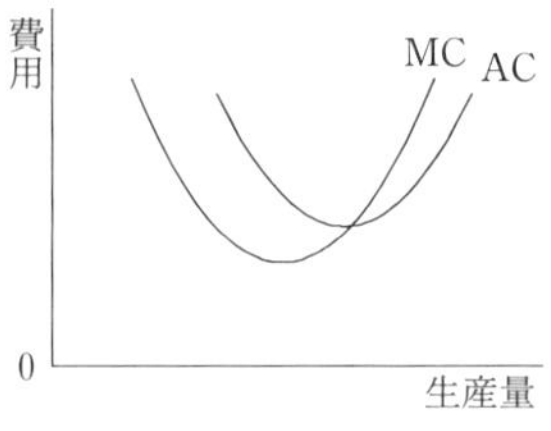

図9－1　　　　　　　　図9－2

できます．同様に AC＝MC の場合は MC 曲線は AC 曲線の最低点を通り，Q点の右側（Q+1）では AC＜MC になっていることが図9－2によって確認できます．

〔**参考答案例**〕

(1) 総費用，固定費用，可変費用

　企業が生産するために使われる投入物は，労働，原材料，機械，工場，建物，土地などがあるが，企業は生産活動に投入する各種の生産要素は固定的投入物と可変的投入物の2つに分類できる。ゆえに生産に伴う費用の総額，すなわち総費用 (total cost: TC) は固定的投入物に関する費用と可変的投入物に関する費用の合計としてあらわされる。

　固定的投入物に関する費用は固定費用 (fixed cost: FC) と呼ばれ，生産物数量の大小に関係なく一定している費用であって，経営費用中の地代，利子，固定資産税，家賃，工場・設備の管理維持費などがこれである。固定費用 (FC) は生産量の大小に関係なく一定であるから，図9-1のように横軸に平行線で描かれる。可変的投入物に関する費用は可変費用 (variable cost: VC) と呼ばれ，生産物数量の変化につれて変化する費用であって，これには比例費用と不比例費用とがある。比例費用は生産物数量の増加に比例して増加するものであって，原料費のようなものがこれである。不比例費用は生産物数量の増加に伴って増加するけれども，その増加に比例しては増加しないものである。たとえば，生産量が非常に少ないときは，工場の生産能力に余裕がありすぎて相対的に大きな費用がかかる。そして，生産量が次第に増加していくにしたがって最適生産量にいたるまで，総費用の増加は次第に減少してくる（費用逓減の法則）。最適生産量を超えると費用の増加は再び増加する。これは工場規模に比較して生産量が大きすぎるため効率の悪い生産を余儀なくされるからである（費用逓増の法則）。このため不比例費用は図9-1のように逆S字型に描かれ，人件費のようなものがこれに含まれる。固定費用と可変費用との合計が総費用である。

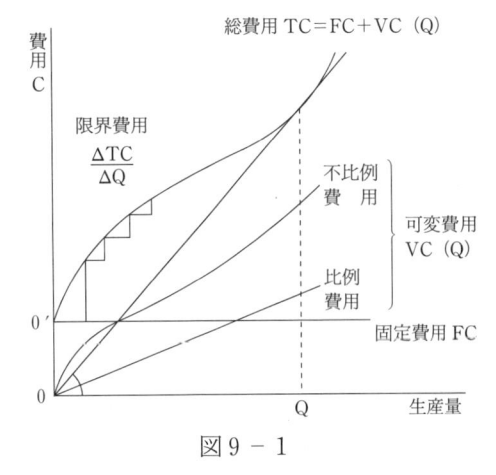

(2) 平均総費用，平均可変費用，平均固定費用，限界費用

① 平均総費用 (ATC) (average total cost)

　これは総費用を生産量で割ったもので，$\frac{FC+VC}{Q}=\frac{TC}{Q}$ で示される。これはまた図9-1のTC上の各点と原点0を結ぶ線分の勾配の軌跡より描くことができる。平均総費用は最初費用逓減の法則が働くため，低下傾向を示す。しかし，最適生産量を超えると費用逓増も法則が働くため上昇傾向を示すので，U字型に描かれる。この関係は②④についてもそのまま妥当する。

② 平均可変費用（AVC）（average variable cost）

これは可変費用を生産量で割ったもので，$\frac{VC}{Q}$で示される．これはまた図9-1のTC上の各点と0'を結ぶ線分の勾配の軌跡より描くことができる．

③ 平均固定費用（AFC）（average fixed cost）

これは固定費用を生産量で割ったもので，$\frac{FC}{Q}$で示される．これはまた図9-1のFC上の各点と原点0を結ぶ線分の勾配の軌跡より描くことができる．これは一定額の固定費用を可変的な生産水準で割ったものであり，図9-2のように直角双曲線で描かれる．

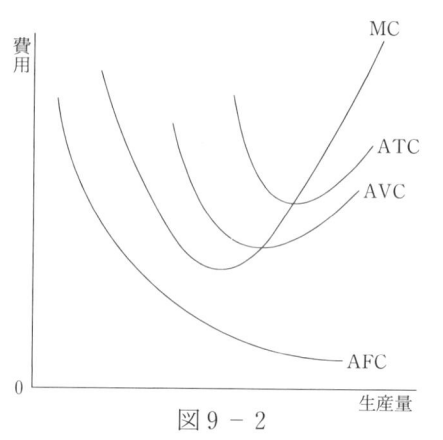

図9-2

④ 限界費用（MC）（marginal cost）

これは生産物を1単位新たに増やすことによって付加される費用の増分の比率で，$\frac{\Delta TC}{\Delta Q}$で示される．これは図9-1の総費用（TC）上の接線の勾配の軌跡で描かれる．

なお，AFC＝ATC－AVC より，ATCとAVCの垂直差が平均固定費用（AFC）の大きさをあらわしている．また，限界費用（MC）は平均総費用（ATC）ならびに平均可変費用（AVC）の最低点でそれらを下から上に横切る．

第10講　供給曲線

学習日　　月　　日

〔問　題〕
　次の設問について説明しなさい
(1) 完全競争市場における企業の短期利潤最大化について説明しなさい．
(2) 損益分岐点と操業停止点について説明し，企業の短期供給曲線を導出しなさい．

〈学習上の留意点〉

　企業の利潤極大化条件が P＝MR＝MC になることは，第19講にもでてきますのでこの機会に完全に把握して下さい．また，損益分岐点（利潤ゼロ）と操業停止点との差が第9講で勉強した ATC と AVC の差，すなわち平均固定費用（AFC）であることを確認して下さい．なお，第9講では平均費用を ATC と書きましたが，ここの解説では AC と書きました．これはテキストによってもバラバラですのでどちらを使ってもかまいません．

　この設問は短期の場合ですが，供給曲線は操業停止点より右上の MC であることにポイントがあります．これで第5講より需要曲線，第10講より供給曲線が導出されたわけで，第14講から第18講までの分析道具がそろったことになります．

第 10 講　供給曲線

〔参考答案例〕

完全競争市場では，①財の同質性，②情報の完全性，③一物一価の法則が成り立つ，④多数の市場取引者が存在する，⑤参入・退出が自由という条件がそろっていなければいけない．逆にこの1つでも欠けた場合を不完全競争市場と呼んでいる．

市場が完全競争であれば，企業は市場で成立する価格を与えられたものとして生産しなければならない．すなわちプライス・テーカー（価格受容者）である．したがって，個々の企業にとっての生産物の個別需要曲線は，図10－1のように価格 P_0 の高さで横軸に平行に描かれる．また，平均収入（AR）は総収入（TR）を生産量（Q）で割ることによって求められるので，$AR=\dfrac{TR}{Q}=\dfrac{P\times Q}{Q}=P$ となる．もう1つ，企業の収入をとらえる概念として「限界収入 MR」がある．限界収入とは生産量を1単位変化（ΔQ）させたときに生じる総収入の変化分（ΔTR）の比率で，$MR=\dfrac{\Delta TR}{\Delta Q}=\dfrac{P\times \Delta Q}{\Delta Q}=P$ となる．それゆえ P＝AR＝MR という関係が成り立つ．

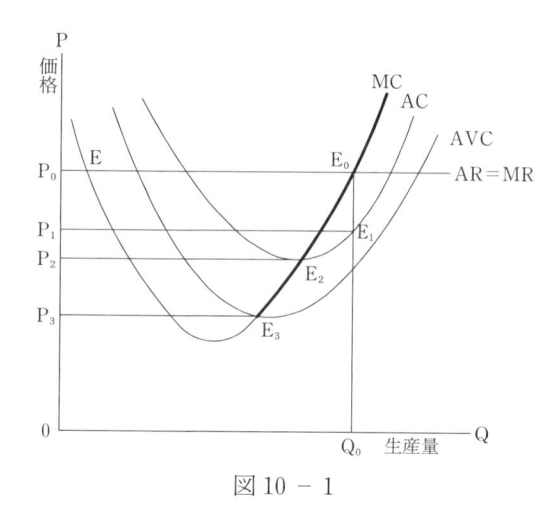

個々の企業は利潤極大をめざして生産量を決定する．すなわち，総収入（生産量×価格＝限界収入の合計）から総費用（生産量×平均費用＝限界費用の合計）を差し引いた差額を極大化するように生産量を決定する．そこで合理的な企業は限界収入 MR と限界費用 MC（生産量を1単位変化（ΔQ）させたときに生じる総費用の変化分（ΔTC）の比率 $\dfrac{\Delta TC}{\Delta Q}$）とを比較するはずである．限界費用は初め収穫逓増の法則（費用逓減の法則）が働くので減少し，後に収穫逓減の法則（費用逓増の法則）が働くので上昇することから，U字型に描くことができる．企業の利潤は価格と限界費用が均衡するとき，つまり図10－1の P_0＝MR＝MC のところで極大になる．それは E_0 点に相応する生産量が Q_0 である（E点は損失極大点）．なぜなら，MR＞MC ならばなお生産量を増加することによって総利潤を増加することができるからである．逆に MR＜MC ならば損失が発生し総利潤は減少する．かくして P_0＝MR＝MC のとき利潤は極大になり，価格が平均費用 AC（MC と同様の理由でU字型）を上回っている場合（P_0＞AC），利潤は図10－1の $P_0 E_0 E_1 P_1$ となる．

(2)　完全競争市場では企業の参入と退出の自由がある．そこで利潤が存在する場合，その利潤の獲得を目指して競争企業が市場に参入してくる．その結果社会全体ではその生産物の供給量が増大し，その価格は低下する．価格が平均費用 AC まで低下（P_2）した時は企業利潤はゼロになってしまう．すなわち，図10－1の E_2 点が損益分岐点と呼ばれている．

図10－1

それでは，価格が P_2 よりも低下したならば企業は生産を中止するであろうか．価格が P_2 よりも低下した場合は，平均費用 AC を賄うことはできないから利潤はマイナスとなり損失が発生する．したがって，企業はもはや生産を中止した方が良いように思われるが実はそうではない．価格が平均可変費用 AVC（MC と同様の理由で U 字型になる）を上回っている限り生産を継続する方が得なのである．なぜなら，この場合生産を中止しても平均固定費用（AC と AVC の差）はそのまま存続し，それがそのまま損失になるのに対して，平均可変費用を上回る収入で生産し続ければ，その差額分だけ平均固定費用に基づく損失を切りつめることができるからである．不況期において，設備を遊ばせておくよりも生産を継続した方が損失が少ないというのはこの理由からである．しかし，価格が P_3 以下になった場合には，いかなる企業も生産を行なうことはできない．このことから，図 10－1 の E_3 点が供給可能な価格の最低限度であり，操業停止点と呼ばれる．したがって，E_3 点よりも右上の MC 曲線の太い実線部分が個々の企業にとっての供給曲線である．

産業全体の総供給曲線は，個々の企業の供給曲線を合計したものにすぎないから，同様に右上がりの曲線として描かれるのである．このように財の価格が上昇（低下）すると供給量が増加（減少）するという関係を「供給の法則」という．

第11講　長期費用曲線

学習日　　月　　日

〔問　題〕
次の設問について説明しなさい．
(1) 長期費用曲線について説明しなさい．
(2) 長期平均費用曲線は産業の特性によってU字型になるとは限らないことを説明しなさい．

〈学習上の留意点〉

　第10講の短期について把握している人は比較的多いのですが，長期について把握している人はそれほど多くありません．ここでは，短期と長期の区別を明確にすることが大切です．長期の分析ではすべての生産要素が可変的であるので，可変費用と固定費用の区別が無くなるということを明確にしておくことが大切です．そして，長期費用曲線LTCが導出されたら，長期限界曲線LMCと長期平均費用曲線LACの導出過程が2通りあるということも把握して下さい．そして，LACはU字型以外に3つのタイプがあることを結論で導いて下さい．

　なお，第11講が終われば，第19講から第25講へ進んで第12講から第18講へ戻ってくるという勉強の仕方もあります．

〔参考答案例〕

(1) 経済学では，固定資本の変化を考慮せず，投下資本を一定として取り扱う場合を短期の分析という．これに対して，企業が生産活動に投入する生産要素を全て可変的インプットとする場合を長期の分析で取り扱う．つまり，短期の分析で一定とされた固定資本も，その規模を変更できる可変的インプットとして取り扱うため，固定的インプットと考えられている生産要素は存在せず，固定費用と可変費用の区別はなくなる．

いま，さまざまな規模の固定設備をもつ企業を仮定してみる．図 11 − 1 の STC_1，STC_2，STC_3 はそれぞれの規模の固定設備を F_1，F_2，F_3 としたときの「短期総費用曲線」をあらわす．企業は長期的視点からみれば，短期的に一定の固定設備の規模でも生産水準の変化に伴って調整することが可能になる．そこで企業は，各生産量に対応して，最小の費用をもたらす固定設備を選択することになる．いま，生産量 Q_1 を実現する場合は，F_1 における固定設備の下において総費用は $Q_1 U$ であり，F_2，F_3 に応じる総費用は $Q_1 V$，$Q_1 W$ であるので，生産量 Q_1 に対して費用を最小にする固定設備は F_1 になる．同様にして，さまざまな生産水準に対して，無数にある固定設備の最適規模を決定し，そのときどきの総費用の最小値を結んだものが長期総費用曲線となり，図 11 − 1 の STC_1，STC_2，STC_3 の包絡線 LTC (太線) として求められることになる．なお，長期の場合は，前述のようにすべての生産要素が可変的であるから，LTC は原点から出発することになる．

長期総費用曲線 LTC の各点と原点を結ぶ直線の勾配の軌跡より図 11 − 2 の長期平均費用曲線 LAC を描くことができる．また，長期平均費用曲線は短期の平均費用曲線に基づいても導くことができる．図 11 − 2 の SAC_1，SAC_2，SAC_3 は STC_1，STC_2，STC_3 の各点と原点を結ぶ直線の勾配に応じて描かれたものであり，LAC は短期平均費用曲線群の SAC_1，SAC_2，SAC_3 の包絡線として求められる．なお，LAC はそれぞれの SAC との接点の軌跡であって，必ずしも SAC の最低点の軌跡ではない．図 11 − 2 において LAC 曲線は SCA_2 とその最低点 G で接するが，SAC_2 の左方にある SAC_1 とはその最低点よりも左側で接し，SAC_2 の右方にある SAC_3 とはその最低点よりも右側で接している．

さらに長期限界費用は，LTC 曲線の各点における接線の勾配の大きさを求め，これを次々に図 11 − 2 に移し変えれば長期限界費用曲線 LMC 曲線を求めることができる．また，

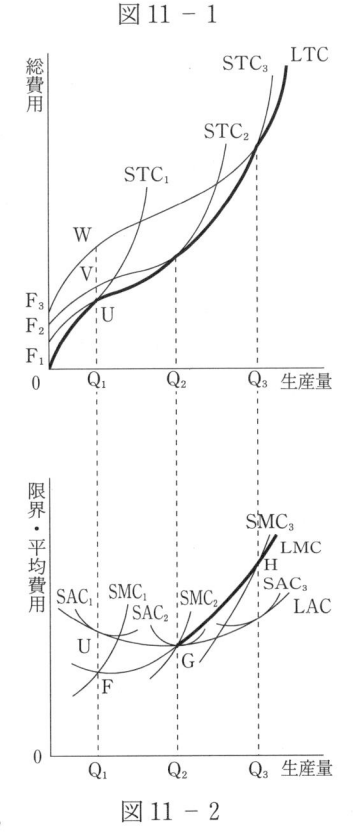

図 11 − 1

図 11 − 2

図11-2のSMC$_1$，SMC$_2$，SMC$_3$は，それぞれSAC$_1$，SAC$_2$，SAC$_3$に対応する短期限界費用曲線をあらわしているが，企業の生産量がQ$_1$ならばSAC$_1$に見合う固定設備を使用しているときに費用の最小化が達成される．その際の限界費用はSMC$_1$線上のF点によって与えられる．同様に生産水準がQ$_2$（Q$_3$）の場合は，最小費用を可能にする限界費用は，SMC$_2$（SMC$_3$）曲線上のG（H）点で示され，このような点を結んだものが長期限界費用曲線LMCとなる．長期限界費用曲線LMCがLACの最低点を通るのは短期の場合と全く同じである．なお，長期の場合は固定費用が存在しないため，LMC＝LAC＝SMC＝SACとなり，損益分岐点＝操業停止点となる．このため長期供給曲線は図11-2のG点より右上の太線LMCになる．

(2) これまでの説明では，図11-2のように長期平均費用曲線LACはU字型になるように説明してきた．しかし，長期平均費用曲線がどのような形状を示すかは，産業の特性に依存するので，必ずしもU字型になるとは限らない．たとえば，農業の場合生産量を増加させるためには，いままでよりも劣等地で耕作しなければならないし，鉱業の場合も同様にいままでよりも立地条件の悪い場所で採掘しなければならなくなるので，前よりも費用が増加することになり，図11-3のLAC$_1$のように長期平均費用曲線は逓増する．また，組み立て作業中心のような製造業では，大量生産には設備の拡張が必要だが，特別に大規模にすることが何の利益も生まないので，図11-3のLAC$_2$のように長期平均費用曲線は横軸に平行となる．一方，自動車・鉄鋼業・運輸業（鉄道・航空等）のような産業では，大規模生産の利益が顕著であるので図11-3のLAC$_3$のように長期平均費用曲線は逓減していく．この場合には生産規模の拡大とともに長期平均費用は逓減していくので，次第に企業の規模は巨大化していく必然性をもっている．このような傾向が「大規模生産の利益」とか「規模の経済」と呼ばれる現象に他ならない．

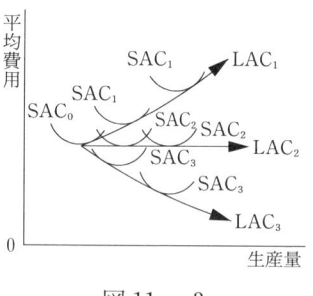

図11-3

第12講　交換経済におけるパレート最適

学習日　　月　　日

〔問　題〕
　ボックス・ダイアグラムを用いて，交換経済におけるパレート最適条件を説明しなさい．また，この交換経済が完全競争の場合，最適な資源配分を達成していることを示しなさい．

〈学習上の留意点〉

　市場形態には，完全競争市場や独占市場などさまざまな市場が存在しますが，それぞれの市場形態が望ましいものであるかどうかを判断することは，経済学にとって重要なテーマです．このような規範的分析における資源配分の効率的な判断基準として，パレート最適の概念があります．

　パレート最適を用いて完全競争市場が最適な資源配分を達成していることを証明する問題は，経済学において非常に重要な意義を持った議論の1つです．「消費面におけるパレート最適」という設問ならできたのだが，「交換経済におけるパレート最適」という設問のため，三面におけるパレート最適について説明した，という人が多いです．ここでは，交換経済におけるパレート最適＝消費面におけるパレート最適であることを把握し，限界代替率＝価格比になることを説明することがポイントになります．

　消費者AとBの無差別曲線が互いに接する点は，両者の予算線が一致していることを意味します．しかし，予算線が同じでも無差別曲線が互いに接していない場合はどのような状況になっているかを考えます．

〔参考答案例〕

　パレート最適な状態とは、「他の経済主体の状態を不利にすることなく、いかなる経済主体もそれ以上有利にすることができない状態」のことをいい、この状態において資源配分は効率的である。交換経済におけるパレート最適な資源配分を考えるために、任意の2財（X, Y）と任意の2消費者（A, B）によるエッジワースのボックス・ダイアグラムを用いて分析する。図12－1は原点を 0_A として個人Aの無差別曲線 I_A が、原点を 0_B として個人Bの無差別曲線 I_B がそれぞれ描かれている。無差別曲線は原点から離れるほど高い効用を示すので、消費者Aについては $I_A^0 < I_A^1 < I_A^2 < I_A^3$ が、消費者Bについては $I_B^0 < I_B^1 < I_B^2 < I_B^3$ が成立している。

　いま、消費者AとBが交換に入る前のX財とY財の保有量は点Zで示されているものとする。この点は消費者AがX財を X_A、Y財を Y_A、消費者BがX財を X_B、Y財を Y_B、それぞれ保有していることを意味している。交換前の両者の効用はそれぞれ I_A^1、I_B^1 であるので、消費者Aにとっては I_A^1 よりも右上方の無差別曲線に、消費者Bにとっては I_B^1 よりも左下方の無差別曲線に移動できれば効用を高めることができる。このことから、両者の効用が共に高まる領域は図12－1の太線で示されたフットボール状の領域であることが分かる。

　しかし、図12－1の E_1 点から E_2 点に移動した場合には、消費者Aの無差別曲線は I_A^1 から I_A^2 になるため効用は高まるが、消費者Bの無差別曲線は I_B^3 から I_B^2 に低下することになる。すなわち、E_1 点は他の消費者の効用を低下させることなしには、一方の効用を高めることはできないので、パレート最適の状態にあるといえる。同様の議論を進めれば、交換経済のパレート最適点は、消費者AとBの無差別曲線が互いに接する点 E_0、E_1、E_2、E_3 等々を結んだ契約曲線 $0_A 0_B$ 上に位置することが分かる。この契約曲線は消費者AとBの無差別曲線が互いに接する点を結んだものであるから、契約曲線上では双方の無差別曲線の勾配は等しい。つまり、消費者AとBの限界代替率が均等することである。消費者AとBの限界代替率をそれぞれ MRS_A と MRS_B であらわせば、$MRS_A = MRS_B$ が交換経済におけるパレート最適の条件である。

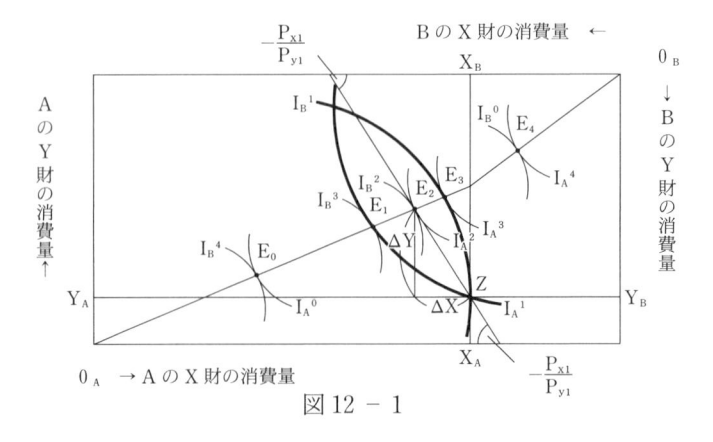

図12－1

いま，消費者AもBも完全競争におけるプライス・テーカーとして行動したとしよう．図12−2は図12−1のZ点の周辺を取りだして拡大したものである．消費者AとBの無差別曲線が互いに接する点は，両者の予算線が一致していることを意味する．しかし，予算線が同じでも無差別曲線が互いに接していない場合はどのような状況になっているかを考える．図12−2のように，当初の相対価格が$\frac{P_{x0}}{P_{y0}}$であるとすると，消費者AとBの予算線は共に直線ZFで示される．消費者AとBの最適消費点は無差別曲線と予算線との接点であるC点とD点である．つまり，C点では，消費者AはX財をX_A，Y財をY_A購入し，消費者BはX財をX_B，Y財をY_B購入することになる．図12−2よりX財の市場では超過需要（X_AとX_Bの間）が発生し，Y財の市場では超過供給（Y_AとY_Bの間）が発生する．このことから，X財の価格は上昇し，Y財の価格は低下する．この価格の変化によって点Zを通る予算線の勾配は急になり，両者の交換における需要と供給が一致するのは相対価格が$\frac{P_{x1}}{P_{y1}}$になったときのE_2点で効用は最大になる．このようにして，消費者AとBはZ点からE_2点に移動することによって消費者Aは効用を$I_A{}^1$から$I_A{}^2$に，消費者Bは効用を$I_B{}^1$から$I_B{}^2$にそれぞれ高めており，共に交換の利益を得ている．

各消費者はそれぞれ市場で決定された価格と一定の所得のもとで効用を最大にするように行動する結果，任意の2財の限界代替率がその価格比に等しくなる点で財を選択する．この関係を式であらわすと，$\mathrm{MRS}_A = \frac{P_{x1}}{P_{y1}} = \mathrm{MRS}_B$となり，完全競争市場はパレート最適の条件を満たしている．

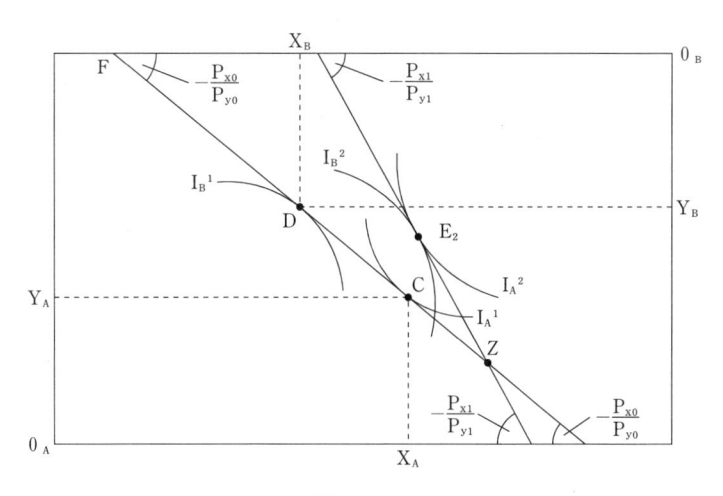

図12−2

第13講　パレート最適

学習日　　　月　　　日

〔問　題〕
　　パレート最適について説明しなさい．

〈学習上の留意点〉
　パレート最適は，ミクロ経済学のほとんどのテキストで1番最後の項目で説明されています．このため，パレート最適まで勉強が進まなかったり，これを勉強するころには前の項目を忘れてしまう人がかなりいます．事実この設問を練習問題で出題すると，3割程度しか正解が得られません．パレート最適では，ボックス・ダイアグラムの図解ができれば，後は「消費面における条件」は第3講の消費者均衡の条件を，「生産面における条件」は第8講の生産者均衡の条件を思い出せばよいのです．これらを理解していれば，「消費面と生産面における条件」が簡単に理解できます．
　これで，テキストの順番に勉強するよりも，第1講から第13講までをセットで覚えたほうが能率的であるということが理解できたと思います．

〔参考答案例〕

　パレート最適とは，「生産物や生産要素の配分をどのように変えても，もはや社会構成員の誰かの状態を悪化させることなくしては，どの社会構成員も良化しえない状況」を示すものである．パレート最適の条件は，「消費面における条件」，「生産面における条件」，「消費と生産の両面における条件」の三面において示される．

　消費面におけるパレート最適は，「他人の効用を損なわずには，どの個人の効用も高めることができないような消費の極限的な資源利用状態」を示す．図 13 − 1 において，消費者 A は 0_A を，消費者 B は 0_B を原点として X 財と Y 財に対する無差別曲線をあらわしている．無差別曲線は①右下がり，②相互に交差しない，③原点より遠くに位置しているもの程高い効用水準を示す，④限界代替率逓減の法則を仮定から原点に対して凸型であるという性質から，図 13 − 1 のように必ず交点なり接点が描き出される．いま消費財の配分を G 点から F 点へと変化させた場合，消費者 A は IA_1 から IA_2 へ，消費者 B は IB_1 から IB_2 へとそれぞれ高い効用の無差別曲線へ移動しているから，G 点ではパレート最適が実現していない．F 点はどうか．F 点から E 点へと変化させた場合，消費者 A は IA_2 から IA_3 へと高い効用の無差別曲線へ，消費者 B は IB_2 から IB_1 へ低い効用無差別曲線へ移動している．つまり，F 点では消費者 A を有利にするために消費者 B を不利にしなければならないのでパレート最適であるといえる．このように，パレート最適は無差別曲線の接点で成立し，この接点を結んだ曲線の軌跡を「契約曲線」と呼ぶ．換言すれば，消費面におけるパレート最適の条件は限界代替率（MRS）が全ての消費者について等しいときに実現される（$MRS_A = MRS_B$）．ところで，消費者均衡は無差別曲線と予算線の接点で決まる．限界代替率は予算線の勾配に等しい価格の比率 $\left(\frac{P_x}{P_y}\right)$ に一致するので，完全競争市場においては $MRS_A = \frac{P_x}{P_y} = MRS_B$ という関係が成立するのである．

　生産面におけるパレート最適は，「一定の資源を用いて他方の生産者の生産量を減らすことなしには一方の生産者の生産量を増やすことができないような生産の極限的な資源利用状態」を示す．図 13 − 2 は任意の 2 企業（A・B）が任意の 2 生産要素（x, y）を投入して各々 X 財と Y 財を生産する場合で，企業 A は 0_A を，企業 B は 0_B を原点として生産要素 x と y に対する

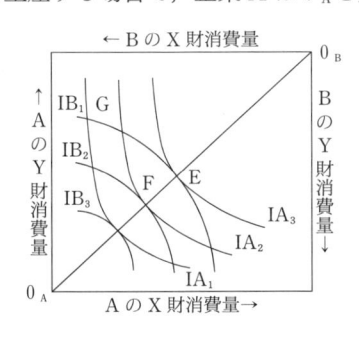

図 13 − 1

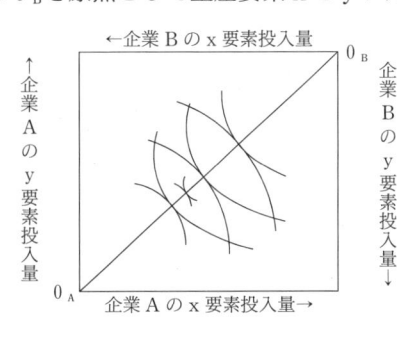

図 13 − 2

等産出量曲線をあらわす．等産出量曲線は①右下がり，②相互に交差しない，③原点より遠くに位置しているもの程多い生産量を示す，④技術的限界代替率逓減の法則の仮定から原点に対して凸型であるという性質から，図13－2のように必ず交点なり接点が描き出される．図13－1と同様の考え方で等産出量曲線の接点を結んだ契約曲線上でパレート最適が成立する．換言すれば，等産出量曲線の勾配に等しい技術的限界代替率（MRTS）が全ての企業において等しい（$MRTS_A = MRTS_B$）．生産者均衡は等産出量曲線と等費用曲線とが等しいときに実現する（$MRTS_A = MRTS_B$）．技術的限界代替率は等費用曲線の勾配である要素価格の比率 $\left(\frac{P_x}{P_y}\right)$ に一致するので，完全競争市場においては $MRTS_A = \frac{P_x}{P_y} = MRTS_B$ という関係が成立するのである．

消費と生産の両面におけるパレート最適は消費と生産の効率性を結びつけたものである．簡単化のため，消費者の選好はみな同一と仮定すれば社会無差別曲線は図13－3の I_0, I_1, I_2 のように描ける．また，図13－2の契約曲線上の2財の生産水準を両財の数量平面状に移し変えると図13－3の生産可能性曲線 TT が描ける．同曲線上は技術的限界代替率の均衡が成立しており，生産のパレート最適の状態にある．生産可能性曲線 TT が社会無差別曲線 I_1 と接する E 点においてパレート最適の状態が実現し，E 点は無差別曲線と生産可能性曲線の接点であるから，両曲線の勾配は等しい．すなわち消費と生産の間のパレート最適な資源配分が実現するための条件は，消費の限界代替率と生産可能性曲線の勾配である限界変換率（MRT）が均等（MRS＝MRT）することである．

限界変換率は両財の限界費用の比 $\left(\frac{MC_x}{MC_y}\right)$ に等しい．完全競争市場のもとでは，各企業の利潤極大化は価格と限界費用が等しく $\left(\frac{P_x}{P_y} = \frac{MC_x}{MC_y}\right)$ なるときに実現するから，価格比を媒介として限界代替率と限界変換率はいたるところで均等になるから競争的な資源配分はパレート最適となり，消費の限界代替率（MRS）＝$\frac{P_x}{P_y}$＝生産の限界変形率（MRT）という関係が成り立つのである．

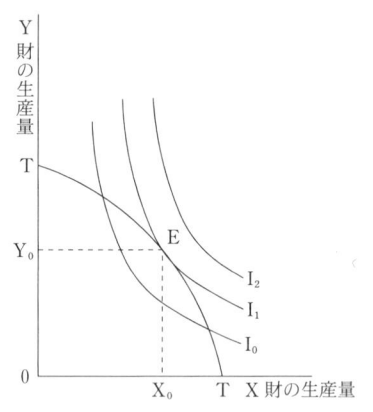

図13－3

第14講　価格と需要・供給量の決定

学習日　　月　　日

〔問　題〕
　財の価格と需要・供給量の決定についてワルラス的調整過程とマーシャル的調整過程から説明し，各々の安定条件についても検討しなさい．

〈学習上の留意点〉

　ワルラス的調整過程は価格調整に，マーシャル的調整過程は数量調整にポイントがありますが，これらについてほとんどの人が把握しています．しかし，各々の安定条件になると出来は極端に悪くなります．超過需要曲線と超過需要価格曲線は図解できるようにしておいて下さい．
　同様の設問として「クモの巣調整過程」があります．クモの巣調整過程は基本的にマーシャル的調整過程と同様に数量的調整過程を前提にしていますが，時間の経過を明示的に取り組んでいる点でマーシャル的調整過程と決定的に異なっています．クモの巣調整過程の3つのタイプの図を描いておきましたので，この機会に確認しておいて下さい．

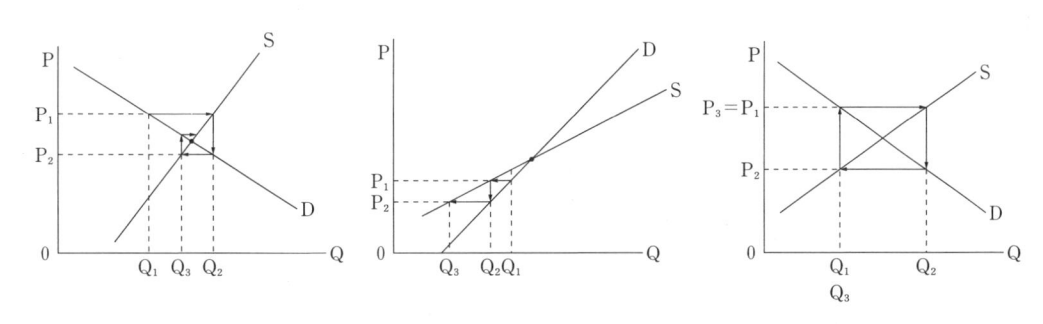

図14−1　クモの巣安定　　図14−2　クモの巣不安定　　図14−3　クモの巣中立的安定

第14講 価格と需要・供給量の決定

〔参考答案例〕

　市場の価格および売買量は需要と供給の均衡点で決定される．しかし，市場が均衡の状態にない場合，市場の均衡調整過程にはどのようなものが考えられるのか，またいかなる条件が満たされるとき市場の均衡が達成されるのか，ということについてワルラス的調整過程とマーシャル的調整過程について検討していく．

　ワルラス的調整過程とは，短期的な調整過程であり価格調整を中心として行なわれる．まず，需要量と供給量は価格の変化に対して速やかに反応し，つぎに需要量と供給量の差に応じて価格が調整される．たとえば，図14-1において価格がP'のとき需要量に対して供給量はs-d分だけ大きい．この需要量と供給量の差を「超過需要」というが，ここでは超過需要はP'より左へs-d分マイナスの値をとることになる（マイナスの超過需要）．このとき，供給者側は過剰な財・サービスを売りさばくために価格を引き下げようとする誘因が働き，価格は均衡価格Pに落ちつくことになる．反対に，価格がP"のとき需要量は供給量よりd'-s'分だけ大きく，超過需要はP"より右へプラスの値をとることになる．このとき，需要者側は品不足の財・サービスを入手するために高い価格を受容することになり，価格は均衡価格Pに落ちつくことになる．このように，ワルラス的調整過程が安定的であるための条件は，P'>PならばD<S，P"<PならばD>Sである．すなわち，超過需要曲線（ED）が右下がりであれば市場は安定的であるといえる．

　ところでギッフェン財では，需要曲線は右上がりとなる．たとえば図14-2のようにSの傾斜がDの傾斜よりも急な場合は，価格がP'のときには超過需要はd-s分だけ右へプラスになり，価格がP"のときには超過需要s'-d'分だけ左へマイナスになるため超過需要曲線（ED）は右上がりとなり，均衡は不安定になる．ただし，需要曲線が右上がりになってもSの傾斜がDの傾斜よりも緩やかな場合（図14-4）は，超過需要曲線は右下がりとなり均衡は安定的となる．

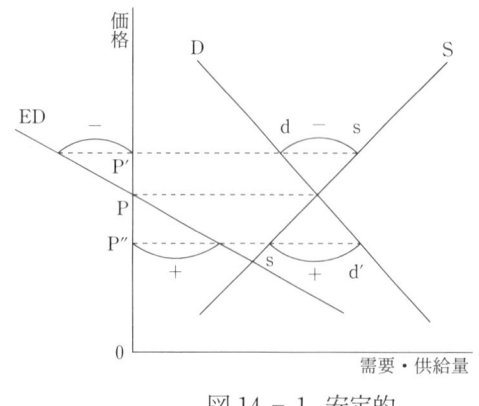

図14-1　安定的

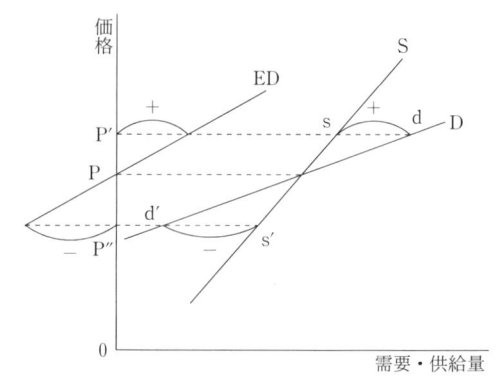

図14-2　ワルラス的不安定
　　　　マーシャル的安定

図14-3 安定的

図14-4 ワルラス的不安定　マーシャル的安定

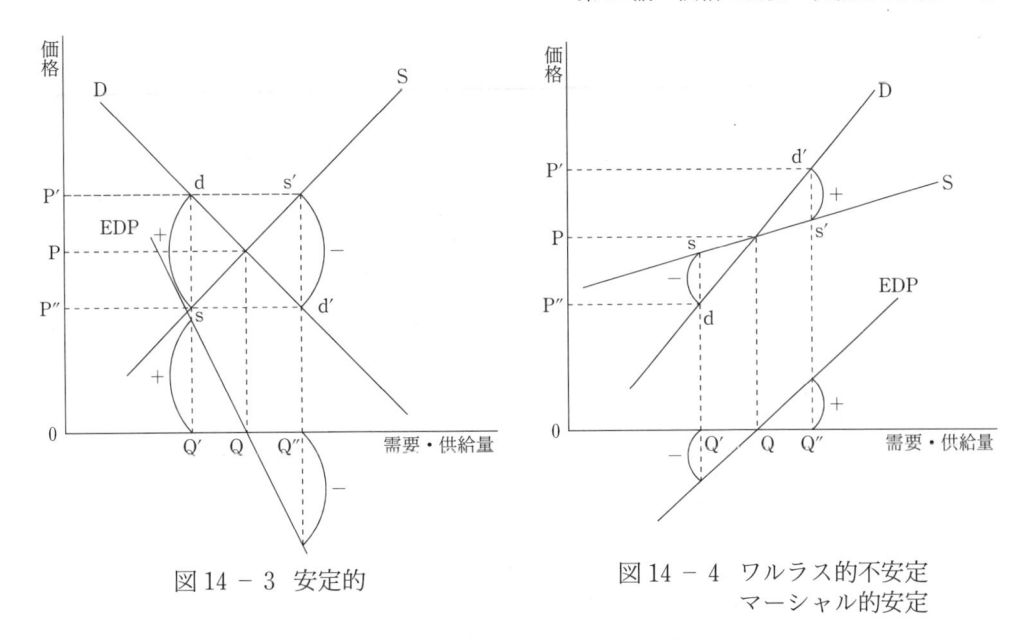

　マーシャル的調整過程は，長期的な調整過程であり数量調整を中心として行なわれる．マーシャルは，需要は価格の変化に対して速やかに反応するが，生産の調整には時間がかかるので供給の反応速度は小さいと考えた．この場合，図14-3のように供給量 Q′ が与えられると需要量はこれに等しくなるように価格が即座に調整され，需要価格は P′ になる．このとき Q′ を市場で供給するための供給価格は P″ であり，需要価格が供給価格を d-s 分だけ上回っている．この需要価格と供給価格の差を「超過需要価格（EDP）」というが，ここではプラスになっている．このとき，超過利潤が存在するので供給量を増加させて，供給量は均衡取引量 Q まで拡大することになる．反対に，供給量が Q″ のときには，供給価格が需要価格を s′-d′ 上回っているため「超過需要価格（EDP）」はマイナスになっている．このとき，損失が発生するので供給量を減少させて，供給量は均衡取引量 Q まで減少することになる．このようにマーシャル的調整過程が安定的であるための条件は Q′＜Q のとき需要価格＞供給価格，Q＜Q″ のとき需要価格＜供給価格である．すなわち，超過需要価格曲線が右下がりであれば，市場は安定的であるといえる．

　ところで，ギッフェン財を考えてみよう．図14-4のようにDの傾斜がSの傾斜よりも急な場合は，供給量が Q′ のときには超過価格は d-s 分だけマイナスになり，供給量が Q″ のときには d′-s′ 分だけプラスになるため超過需要価格曲線は右上がりとなり均衡は不安定になる．ただし，需要曲線の傾斜が供給曲線の傾斜よりも緩やかな場合（図14-2）は，超過需要価格曲線は右下がりとなるので均衡は安定的となる．このように，ワルラス的調整過程とマーシャル的調整過程では，安定条件と不安定条件が全く逆になっているが，どちらが正しいというものではなく，市場メカニズムではワルラス的に，企業の立場ではマーシャル的になると考えられる．

第15講　価格弾力性

学習日　　月　　日

〔問　題〕
　次の設問について説明しなさい．
(1) 需要の価格弾力性について説明しなさい．
(2) 供給の価格弾力性について説明しなさい．

〈学習上の留意点〉

　需要の価格弾力性の値は第2講の限界代替率と同じように正の値であらわしますのでマイナスを掛けてプラスの値にします．供給曲線は ΔP, ΔQ は共に同一方向に動きますので供給の価格弾力性の値はプラスになるだけで計算の方法は全く同じです．これらはセットで覚えて下さい．需要の価格弾力性（Ed）では，弾力性の値が $0<Ed<1$ の場合は生活必需品，$Ed>1$ の場合はぜいたく品ということは把握しているのですが，価格の変化による総収入の変化を把握している答案が少ないので落とさないようにして下さい．供給の価格弾力性（Es）では，$0<Es<1$ および $1<Es$ の値を決定する要因を明確にして下さい．そして，各々の弾力性の値を図解できるようにしておくことが大切です．

　なお，このように2つの課題について説明する場合は，各々の内容を同じ位の長さでまとめることです．どちらかが長くなったり短くなってはいけません．

〔参考答案例〕

(1) 需要の価格弾力性とは,「ある財の価格が変化した場合その財の需要量がどの程度変化するかをあらわす指標」であり,需要の価格弾力性 $(Ed) = \dfrac{需要量の変化率}{価格の変化率}$ のように定義される.この式を,価格＝P,需要量＝Q,価格の変化分＝ΔP,需要量の変化分＝ΔQ とすると,$Ed = -\dfrac{\frac{\Delta Q}{Q}}{\frac{\Delta P}{P}} = -\dfrac{P}{Q} \times \dfrac{\Delta Q}{\Delta P}$ と書くことができる.ただし,ΔP＜0,ΔQ＞0 なので $\dfrac{\Delta Q}{\Delta P} < 0$ になっている.一般に需要の価格弾力性の値は正の値であらわされるので,マイナスを掛けて正の値であらわすことになっている.

需要の価格弾力性は,需要量の変化率との関係からゼロから無限大の間の値となる.需要量が価格変化にまったく反応しないときは,需要の価格弾力性はゼロになる（$Ed=0$）.この場合,需要は完全に非弾力的といわれ需要曲線は図15－1の Ed_1 のように垂直になる.価格の変化率に比べて需要量の変化率が小さいときは,需要の価格弾力性は1より小さくなる（$0<Ed<1$）.この場合,需要は非弾力的といわれ需要曲線は図15－1の Ed_2 のようになり,生活必需品がこれに該当する.価格と需要量がちょうど同じだけ変化する場合,需要の価格弾力性は1になり（$Ed=1$）,需要曲線は図15－1の Ed_3 のように直角双曲線で描かれる.需要量の変化率の方が価格の変化率よりも大きければ,需要量の価格弾力性は1よりも大きくなる（$Ed>1$）.この場合,需要は弾力的といわれ需要曲線は図15－1の Ed_4 のようになり,非必需品やぜいたく品がこれに該当する.価格がわずかでも下落すると需要量が限りなく増加する場合は,需要の価格弾力性は無限大となる（$Ed=\infty$）.この場合,需要が完全に弾力的といわれ需要曲線は図15－1の Ed_5 のようになる.需要の価格弾力性が小さい財（$0<Ed<1$）は,価格が引き下げられてもその割合に販売量は増加しないから,売り手の総収入は減少してしまう.これに対して,価格弾力性が大きい財（$Ed>1$）は価格が引き下げられると価格の下落率よりも販売量の増加率のほうが大きいので,売り手の総収入は増加することになる.また,需要の価格弾力性が1の場合（$Ed=1$）,価格の変化と同一の割合だけ販売量が変化するので,価格が上昇または下落しても総収入にはなんの変化も起こらない.

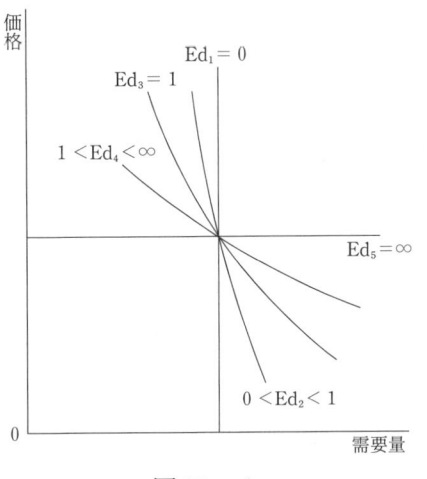

図15－1

(2) 供給の価格弾力性とは,「ある商品の価格が変化した場合,その商品の供給量がどの程度変化するかをあらわす指標」であり,供給の価格弾力性 $(Es) = \dfrac{供給量の変化率}{価格の変化率}$ のように定義される.この式を,価格＝P,供給量＝Q,価格の変化分＝ΔP,供給量の変化分＝ΔQ とする

と，$E_S = \dfrac{\dfrac{\Delta Q}{Q}}{\dfrac{\Delta P}{P}} = \dfrac{P}{Q} \times \dfrac{\Delta Q}{\Delta P}$ と書くことができる．ただし，$\Delta P > 0$ のとき，$\Delta Q > 0$ なので $\dfrac{\Delta Q}{\Delta P} > 0$ となり，供給の価格弾力性は常に正となる．

　供給の価格弾力性は，供給量の変化率と価格の変化率との関係から，ゼロから無限大の間の値となる．供給量が価格の変化にまったく反応しないときは，供給の価格弾力性はゼロ（$E_S = 0$）になる．この場合，供給は完全に非弾力的といわれ，供給曲線は図15－2の E_{S_1} のように垂直線になる．価格の変化率に比べて供給量の変化率が小さいときには，供給の価格弾力性は1より小さくなる（$0 < E_S < 1$）．この場合，供給は非弾力的といわれ，供給曲線は図15－2の E_{S_2} のようになる．価格と供給量がちょうど同じだけ変化する場合，供給の価格弾力性は1（$E_S = 1$）になり，供給曲線は図15－2の E_{S_3} のようになり原点から出発する．供給量の変化の方が価格の変化よりも大きければ，供給の価格弾力性は1より大きくなる（$E_S > 1$）．この場合，供給は弾力的といわれ，供給曲線は図15－2の E_{S_4} のようになる．価格がわずかでも上昇すると，供給量は限りなく増加するときには，供給の価格弾力性は無限大になる（$E_S = \infty$）．この場合，供給は完全に弾力的といわれ，供給曲線は図15－2の E_{S_5} のようになる．

　供給の価格弾力性を決定する要因は多くあるが，なかでも，①財の貯蔵可能性と貯蔵費用，②時間が重要な要因となっている．野菜や魚などの生鮮食料品は，貯蔵することがむずかしいので供給は非弾力的となる（$0 < E_S < 1$）．また原材料，燃料などは価格が変化しても即座に供給量を調整するのはむずかしいので，供給の価格弾力性は低く，供給曲線は急な勾配を持った右上がりの曲線で描かれる．一方，低費用で長期間貯蔵可能な財は供給が弾力的である（$E_S > 1$）．一般に工業製品の弾力性は高く，供給曲線は緩やかな曲線で描かれる．また時間が長ければ，価格変化に応じて生産要素の量を調整することが容易になり，生産量の調整も可能になる．したがって，短期ではより非弾力的，長期ではより弾力的な曲線となる．なお，土地は供給量を増加させることは困難なので，供給の価格弾力性はゼロとなる．

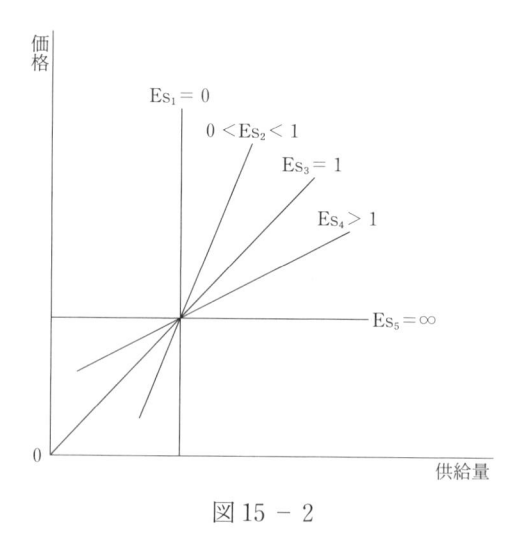

図15－2

第16講　需要の所得弾力性・交差弾力性

学習日　　月　　日

〔問　題〕
次の設問について説明しなさい．
(1) 需要の所得弾力性について説明しなさい．
(2) 需要の交差弾力性について説明しなさい．

〈学習上の留意点〉

　第15講の需要の価格弾力性についてはほとんどの人が把握していますが，需要の所得弾力性になると出来は悪くなり，需要の交差弾力性になると出来はもっと悪くなります．需要の所得弾力性は，価格弾力性の価格を所得に置き換えるだけで，式も分母を所得の変化率に直せばいいだけですので，このように覚えておけばそれ程難しいものではありません．同様に，需要の交差弾力性についても，A財，B財を需要の価格弾力性の式につけ加えるだけでよいのですから覚えるのは簡単だと思います．それゆえに，弾力性については1つひとつ単独に覚えるのではなく，第15講とセットで覚えて下さい．

　需要の所得弾力性では上級財と下級財，需要の交差弾力性では代替財，補完財，独立財を導くことにポイントがあります．なお，図については，計算式に簡単な数字を入れて値をだすことによって理解できますので，確認しておくとよいと思います．

48　第16講　需要の所得弾力性・交差弾力性

〔参考答案例〕

(1) 需要の所得弾力性とは，「所得が変化した場合ある財の需要量がどの程度変化するかをあらわす指標」であり，次のように定義される．

$$\text{需要の所得弾力性 (Ei)} = \frac{\text{需要量の変化率}}{\text{所得の変化率}}$$

この式を，所得＝Y，需要量＝Q，所得の変化分＝ΔY，需要量の変化分＝ΔQ とすると，

$$Ei = \frac{\frac{\Delta Q}{Q}}{\frac{\Delta Y}{Y}} = \frac{Y}{Q} \times \frac{\Delta Q}{\Delta Y}$$

と書くことができる．一般に所得が増加すると需要量も増加すると考えられているので，需要の所得弾力性は正になる（Ei＞0）．しかし，正だとしても財の種類によって弾力性の値は違ってくる．一般にぜいたく品は，所得が増加するとその上昇率以上に需要量が増加する傾向がみられるので，需要の所得弾力性は1よりも大きく（Ei＞1），図16－1のようになる．これに対して，生活必需品は所得が増加しても，その増加率ほどには需要は増加しないので需要の所得弾力性の値が小さく（0＜Ei＜1），図16－1のようになる．特に生活必需品に対する家計支出の割合は所得水準が高まるにつれて低下する傾向があり，「エンゲルの法則」として知られている．このように，所得弾力性が正の財は「正常財」ないしは「上級財」と名づけられる．また，需要が所得の伸びと同じ割合で増加する財は需要の所得弾力性の値が1（Ei＝1）になり図16－1のようになる．ところが，ある種の財に関しては，所得の増加につれて需要量が減少するものがある．このような財は需要の所得弾力性の値が負であり（Ei＜0），図16－1のようになる．需要の所得弾力性が負の財は「下級財」あるいは「劣等財」と名づけられる．上級財，下級財の具体例としては，クーラーに対する扇風機，プラズマテレビに対するカラーテレビなどがある．

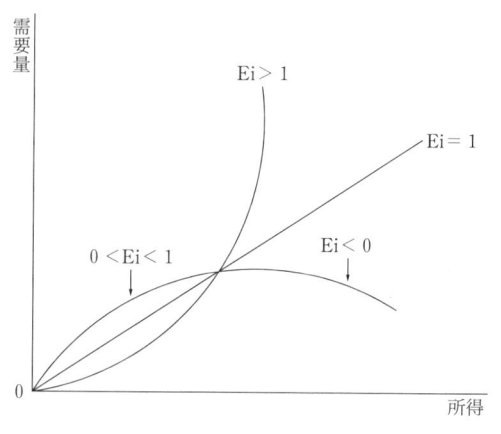

図16－1

(2) 需要の交差弾力性とは，「ある財（A）の価格変化にともなう他の財（B）の需要変化の程度をあらわす指標」をいい，次のように定義される．

$$\text{需要の交差弾力性 } (E_{AB}) = \frac{\text{B財の需要量の変化率}}{\text{A財の価格の変化率}}$$

この式を，B財の需要量＝Q_B，B財の需要量の変化分＝ΔQ_B，A財の価格＝P_A，A財の価格変化分＝ΔP_Aとすると，

$$E_{AB} = \frac{\frac{\Delta Q_B}{Q_B}}{\frac{\Delta P_A}{P_A}} = \frac{P_A}{Q_B} \times \frac{\Delta Q_B}{\Delta P_A}$$

と書くことができる．A 財の価格の上昇はその需要量を減らし，代わりに B 財の需要量を増加させる場合，需要の交差弾力性の値が正になり図 16 − 2 のようになる（$E_{AB} > 0$）．この場合，B 財は A 財の「代替財」という．具体例としてはそばとうどん，コーヒーと紅茶などがある．これに対して，A 財の価格の上昇はその需要量を減らし，それに応じ B 財の需要量も減少する場合，需要の交差弾力性の値が負になり図 16 − 2 のようになる（$E_{AB} < 0$）．この場合，B 財は A 財の「補完財」という．具体例としてはペンとノート，ビデオテープとビデオデッキなどがある．また，A 財の価格が変化しても B 財の需要量に変化がみられない場合，需要の交差弾力性はゼロとなり図 16 − 2 のようになる（$E_{AB} = 0$）．この場合，B 財は A 財の「独立財」という．

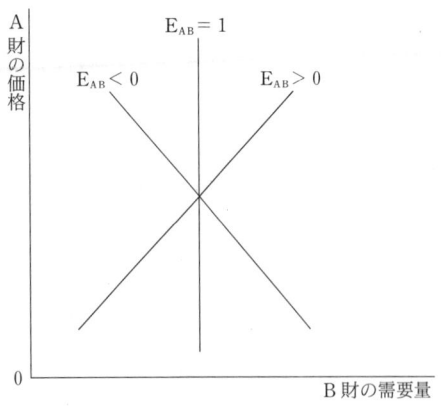

図 16 − 2

第 17 講　経済余剰

学習日　　月　　日

〔問　題〕

市場均衡の理論に関する以下の設問について説明しなさい．

(1) 完全競争を想定し，企業に生産量1単位当たりT円の補助金を与えるという補助金政策の短期的効果について以下の設問について説明しなさい．ただし，需要曲線は右下がり，短期供給曲線は右上がりとする．

① 補助金によって生産物価格・供給量はどのように変化するかを図解しなさい．

② 消費者余剰と生産者余剰の定義を明示し，それらが補助金政策の前と比べてどのように変化するかを図解しなさい．なお，生産者余剰については補助金を収入に含めた場合と収入に含めない場合について図解しなさい．

③ 補助金総額を2つあげて図解しなさい．

④ 経済的厚生は補助金前と比べてどのように変化するかを図解しなさい．

(2) 現在，牛肉の輸入には関税が賦課されている．この場合の経済的効果を輸入が完全に自由化された場合と比較しなさい．また閉鎖経済と開放経済を比較した場合に，自由化されたことによってどのような長所・短所が生じるかについて説明しなさい．

〈学習上の留意点〉

　需要曲線と供給曲線の応用問題は非常に多いです．この問題では消費者余剰，生産者余剰及び社会的厚生をうまく使いこなすのがポイントなのですが，これらをうまく使いこなせる答案が少ないのでこの機会に完全に把握して下さい．

　現在，財政赤字の解消策の1つとして補助金の見直しも行なわれています．たとえば，ダム建設に対しては国が7割の補助金を出すなど，国は地方に対して多額の補助金を計上しています．補助金は企業にとってマイナスの間接税ですが，税金によって賄われるとともに資源の最適配分を阻害するということを把握して下さい．

　また，日本政府は農家保護のため2001年4月から11月までネギ，生シイタケ，畳表にセーフガード発動しましたが，これは死荷重が生じることから資源の最適配分を阻害するという弊害があります．輸入の自由化は消費者には利益をもたらすが，農家の衰退をもたらすという弊害もあることを把握して下さい．

〔参考答案例〕

(1) ① 完全競争市場において価格は需要曲線と供給曲線の交点で決定される．いま，需要曲線をD，供給曲線をS_0とすると当初の均衡点は図17－1のE_0で，価格はP_0，供給量はQ_0で決まる．補助金は企業にとってマイナスの間接税であるから，企業の限界費用はT円だけ減少して，供給曲線S_0はS_1へ下方シフトするので新たな均衡点はE_1となり，価格はP_1に低下し，供給量はQ_1に増加する．

② 消費者余剰とは，消費者がある特定量の財を得るために支払ってもよいと考える最大額と実際に支払った金額の差と定義されるので，補助金前は$0AE_0Q_0$と$0P_0E_0Q_0$の差，すなわちAE_0P_0によって示される．補助金後は$0AE_1Q_1$と$0P_1E_1Q_1$の差，すなわちAE_1P_1によって示される．生産者余剰とは，生産者が特定の商品を供給して実際に得た収入とそれを供給するためにかかる費用の差と定義されるので，補助金前は$0P_0E_0Q_0$から$0BE_0Q_0$の差，すなわちBP_0E_0によって示される．補助金を収入に含める場合は，生産者は1単位につきT円の補助金を得るから，補助金を含めた生産者にとっての価格はP_2になる．したがって，補助金を含んだ生産者の収入は$0P_2CQ_1$，これから費用BCQ_1を差し引いたBP_2Cが補助金後の生産者余剰になる．また，補助金を収入に含めない場合は$0P_1E_1Q_1$と$0FE_1Q_1$の差，すなわちP_1E_1Fで示される．これらはBP_2C（三角形の合同より）に等しい．

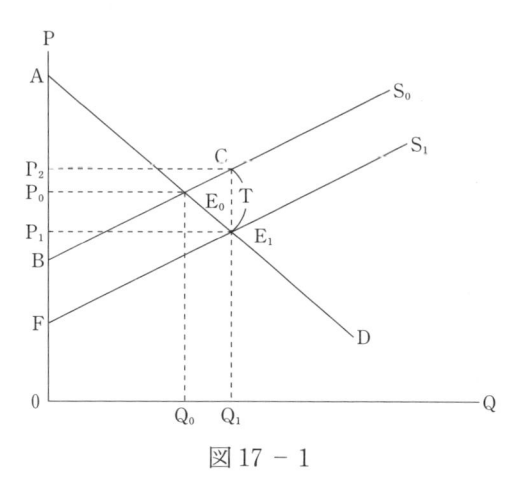

③ 補助金後企業はQ_1量供給し，補助金の額はT円であるので，補助金の総額は$P_2CE_1P_1$あるいはBCE_1Fとなる．

④ 社会的厚生＝消費者余剰＋生産者余剰であるので，補助金前の社会的厚生は$AE_0P_0+P_0E_0B=AE_0B$となる．一方で補助金は消費者余剰と生産者余剰の一部になるが，他方で税金によって調達しなければならないから，社会的厚生を減らすことになる．ここで消費者余剰は$AE_0P_0+P_0E_0E_1P_1$（消費者余剰になった補助金）＝AE_1P_1となる．一方生産者余剰は$BP_0E_0+P_2CE_0P_0$（生産者余剰になった補助金）＝BP_2Cとなる．

ゆえに消費者余剰＋生産者余剰＝$AE_0B+P_2CE_1P_1-CE_1E_0$……①

となる．社会的厚生＝消費者余剰＋生産者余剰－税金（補助金）……②

であるから，①を②に代入すれば社会的厚生＝$AE_0B-CE_1E_0$

したがって，補助金によって社会的厚生はCE_1E_0だけ減少するから，これが補助金の超過負

図17－1

(2) 現在,外国の牛肉の価格は日本に比べて安いので,政府は酪農家の保護政策として牛肉に関税を設けている.図17－2において牛肉の国内消費者の需要曲線をD,国内農家による供給曲線をSとする.いま,牛肉の国際価格をP_wとし,政府が牛肉に対してT円の関税を賦課したとする.この時牛肉の国内価格は国際価格P_wに関税T円を加えたP_Dの水準になる.以前は牛肉の輸入が認められていなかったので,国内価格はP_E,国内供給量はQ_3であったが関税が賦課されると価格はP_Dに下落し,Q_4-Q_2量の牛肉の輸入によって,国内需要量はQ_4-Q_3増加することになる.

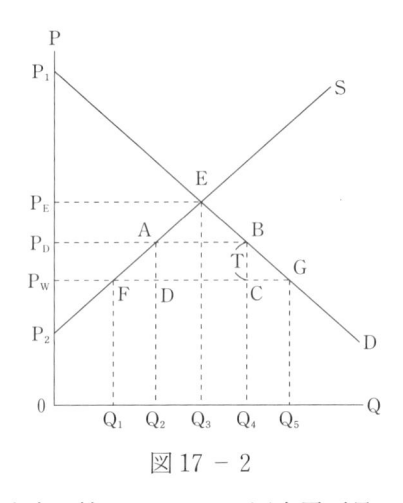

図17－2

次に,牛肉の輸入が完全に自由化された場合にどのような経済効果があらわれるかを検討する.輸入自由化のもとでは,国際価格P_wのもとで国内需要量は$0Q_5$となる.しかし,国際価格P_wでは国内生産者は利益が少なくなることから国内供給量は$0Q_1$に減少するので,国内超過需要に等しいQ_5-Q_1量が輸入されることになる.そして,輸入自由化によって国内の消費者の消費者余剰はP_1GP_wに拡大し,国内の生産者の生産者余剰はP_wFP_2に減少する.結果として自由貿易における総余剰はP_1GFP_2になる.関税を賦課した場合の消費者余剰はP_1BP_D,生産者余剰はP_DAP_2,政府の関税収入はABCDである.関税は政府支出として国民に支出されるので政府余剰となるので,総余剰はP_1BCDAP_2となる.この結果自由貿易のケースと関税が賦課されたケースと比較すると,三角形BGCと三角形ADFの死荷重が発生することになる.

なお,閉鎖経済における総余剰は,消費者余剰P_1EP_Eに生産者余剰P_EEP_2を加えたP_1EP_2であり,開放経済の総余剰は,消費者余剰P_1GP_wに生産者余剰P_wFP_2を加えたP_1GFP_2であるので,三角形FEGの総余剰が増加したことを意味し,これが輸入自由化における「貿易の利益」である.一方,閉鎖経済における酪農家の国内生産量はQ_3であったが,輸入が自由化されたことによって国内生産量の生産車余剰はP_EEP_2からP_wFP_2に減少する.これは,酪農家の収入減少につながり日本の酪農産業が衰退する.

第18講　需要・供給曲線と租税の賦課

学習日　　月　　日

〔問　題〕
　ある商品に対して生産者側に租税が賦課されたときに発生する経済効果について説明しなさい．

〈学習上の留意点〉

　需要・供給曲線の代表的な応用問題です．生活必需品，ぜいたく品の需要曲線の勾配を考慮し，租税が賦課された後，消費者と生産者の税負担，政府の税収入，死荷重の面積がどのように変化するのかを図解することにポイントにがあります．なお，消費税のように消費者側に租税が賦課される場合は，需要曲線（D）が左下方へシフトしますので確認して下さい．

第18講 需要・供給曲線と租税の賦課

〔参考答案例〕

間接税が賦課される以前の市場の需要・供給分析を行なう．図18－1にみられるように，市場の需要曲線DD′と供給曲線SS′を描く．ここでの経済主体はプライス・テイカーであり，需要・供給が均衡するところで取引が行なわれるので，均衡取引量はQ_0であり，均衡価格はP_0である．全ての取引が価格P_0で行なわれるのであるから，三角形の面積P_0DEは消費者余剰であり，三角形面積P_0ESは生産者余剰であり総余剰はDESとなる．なお，ここで登場する経済主体は消費者と生産者のみである．ここで間接税を導入した場合，主体は消費者，生産者および政府から構成される．

生産者側に間接税が賦課される結果，供給曲線は二本描ける．1つは，元の供給曲線SS′（これは税抜きの供給曲線）であり，他はSS′に間接税Tの分だけ上方に平行シフトした税込みの供給曲線$S_1 S'_1$である．取引きは税込みで行なわれるので，図18－2にみられるように価格（税込み）はP_1に上昇し，取引量はQ_1に減少する．なお，生産者の手取価格は$P_2 = P_1 - T$である．

このように間接税が導入されると，税込みの取引額面積は$0 P_1 F Q_1$（$= P_1 \times Q_1$）になるが，手取りの取引額は面積$P_2 G Q_1 0$（$= P_2 \times Q_1$）へと図18－2の$P_0 E Q_0 0$（$= P_0 \times Q_0$）から減少する．この場合税収は，面積$P_1 F G P_2$（$= T \times Q_1$）である．また，課税の結果，総余剰は消費者余剰$P_1 DF$＋政府余剰$P_1 FGP_2$＋生産者余剰$P_2 GS$＝DFGSとなり，税金が賦課されたことによって死荷重FEGが生じる．

では，間接税はだれが負担するのであろうか．課税前の価格はP_0であった．課税後はP_1に価格が上昇するので，消費者は1単位当り$P_1 - P_0$負担することになるので，消費者負担は$P_1 FHP_0$となる．他方課税後の生産者の手取り価格はP_2であるので生産者は1単位当り$P_0 -$

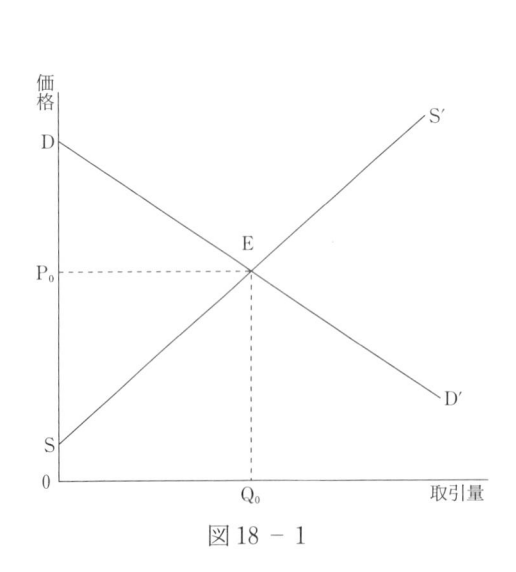

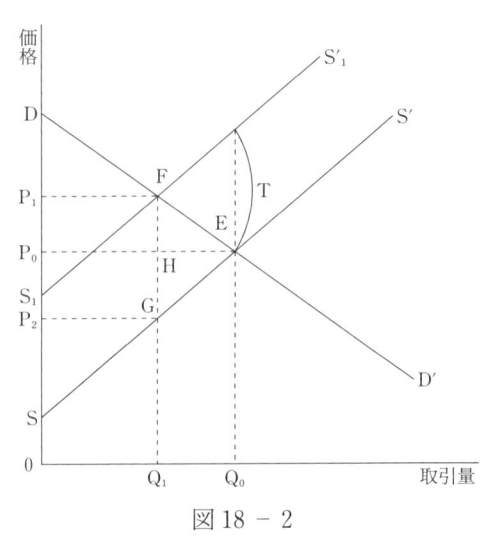

図18－1

図18－2

P_2 負担することになるので，生産者負担は P_0HGP_2 となる．

ぜいたく品への課税のケースを考えてみよう．ぜいたく品は代替財が多いことからも分かるように需要の価格弾力性が大きい．この場合需要曲線 DD' の勾配は図 18-3 にみられるように緩やかに描くことができる．なぜならば，価格変化に対する需要の相対的変化が大きいからである．図 18-2 のケース（正常財）と図 18-3 のケース（ぜいたく品）を比較すれば分かるように，後者のケースは弾力的であるために価格上昇に対応する需要の減少が大きい．このため取引量が激減するので，1 単位当りの税が同じ T であったとしても税収も減少する．そればかりでなく 1 単位当りの税負担は消費者負担が P_1FHP_0 となり生産者負担は P_0HGP_2 となるので生産者の負担の方が相対的に多くなる．

生活必需品のケースを考えてみよう．生活必需品の場合は代替財が少ないので，価格変化に対する需要の相対的変化は小さく，需要の価格弾力性は小さい．この場合の需要曲線 DD' は図 18-4 にみられるように勾配を急に描くことができる．したがって課税によって価格が上昇しても需要の減少は微々たるものである．それゆえ，図 18-3 のケースと比較すれば分かるように税収は大きい．しかも 1 単位当りの税負担は図 18-4 のように消費者の負担が P_1FHP_0 となり，生産者負担は P_0HGP_2 となるので消費者負担の方が多くなる．

以上のことから理解できるように，税収の視点からみると，ぜいたく品よりは生活必需品に課税した方が税収が多く，死荷重の面積も小さい．また税負担者の視点からみると，ぜいたく品に課税した場合は生産者の方が相対的に負担が多く，生活必需品の場合は消費者の方が相対的に負担が多いという結論を導くことができる．

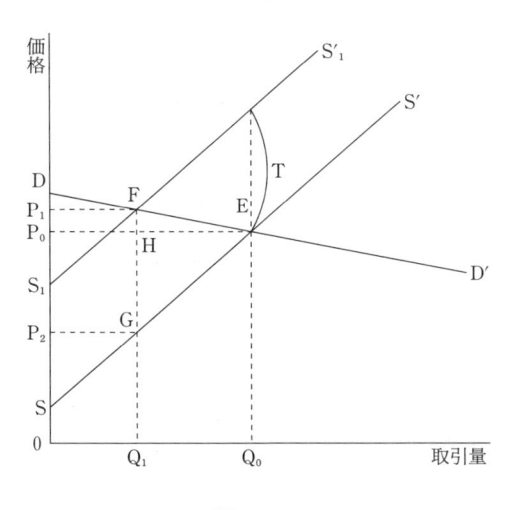

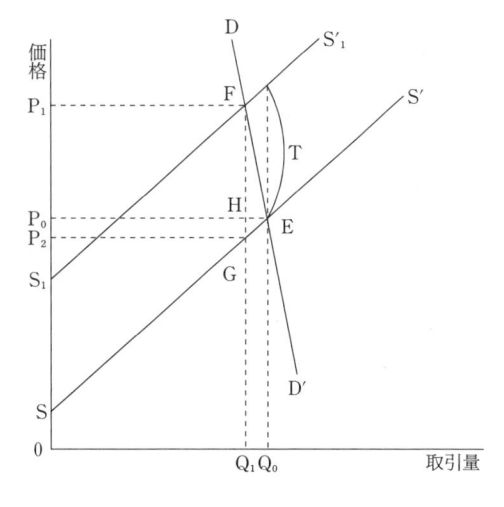

図 18-3

図 18-4

第19講　完全競争と独占

学習日　　月　　日

> 〔問　題〕
> 完全競争と独占の相異について説明しなさい．

〈学習上の留意点〉

　ミクロ経済学の市場構造では完全競争の理論が基本であり，不完全競争の理論が1番難しいといわれています．完全競争の理論は第10講でも勉強しましたが，序文では完全競争の条件を必ず明示して下さい．

　独占については，限界収入が $MR = P + \dfrac{\Delta P}{\Delta Q} Q$ になる理由が理解できない人が多いです．これは微分の考え方で微少な変化を考えていますので，参考答案例のような説明になります．独占の問題では，必ず限界収入MRの式を書かなければ減点になりますので，この計算の仕方を完全に覚えて下さい．なお，完全競争市場では需要曲線D＝限界収入MRになりますが，独占では限界収入MRは需要曲線より $\dfrac{\Delta P}{\Delta Q} Q$ だけ下に位置しますので，MR＜Pとなることを把握して下さい．そして，結論で独占は完全競争市場に比べて弊害があることを説明して下さい．

第19講 完全競争と独占　57

〔参考答案例〕

完全競争市場では，①財の同質性，②情報の完全性，③一物一価の法則が成り立つ，④多数の市場取引者が存在する，⑤参入・退出が自由という条件がそろっていなければいけない．逆にこの1つでも欠けた場合を不完全競争市場と呼んでいる．

市場が完全競争であれば，企業は市場で成立する価格を与えられたものとして生産しなければならない．すなわちプライス・テーカー（価格受容者）である．したがって，個々の企業にとっての生産物の個別需要曲線は価格の高さで横軸に平行に描かれる．また販売量1単位変化させたときに生じる総収入の変化分のことを限界収入 MR というが，企業は生産物を一定の価格で販売し続けることが可能であるから，価格 P＝平均収入 AR＝限界収入 MR となる．

個々の企業は利潤極大をめざして生産量を決定する．すなわち，総収入（生産量×価格＝限界収入の合計）から総費用（生産量×平均費用＝限界費用の合計）を差し引いた差額を極大化するように生産量を決定する．そこで合理的な企業は限界収入 MR と生産物1単位変化させることから生じる総費用の変化分すなわち限界費用 MC とを比較するはずである．なぜなら，MR＞MC ならばなおも生産量を増加することによって総利潤を増加することができるからである．逆に MR＜MC ならば損失が発生し総利潤は減少する．かくして P＝MR＝MC のとき利潤は極大になる．これを図に描くと図19－1－2のようになる．

限界費用は初め収穫逓増の法則が働くので減少し，後に収穫逓減の法則が働くので上昇することから，U字型に描くことができる．企業の利潤は価格と限界費用が均衡するとき，つまり P＝MR＝MC が交差する E 点において極大になる（E′点は損失極大点）．

しかし，完全競争には企業の参入と退出の自由がある．価格が平均費用 AC（MC と同様の理由で U字型）を上回っている場合（P_1＞AC）超過利潤（P_1EBP_2）が発生するので，これをねらって新企業が参入する．これによって図19－1－1でみられるように社会全体の供給量が増加（S－S′のシフト）し，価格は P_1→P_3 へと下がる．P_3＜AC となれば企業の退出があり，結局において P_3＝AC の点で長期の企業均衡が成立する．また完全競争は，企業が最適産出点にお

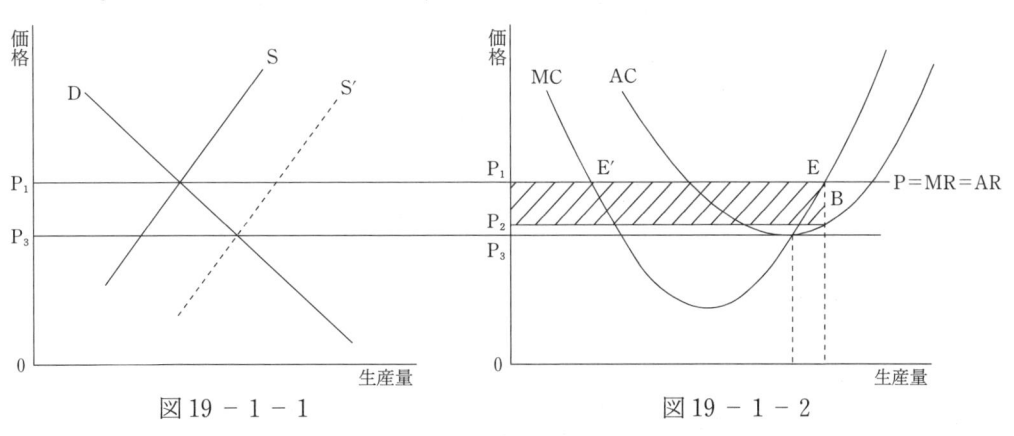

図19－1－1　　　　　　　　図19－1－2

いて生産を行なっているので，設備の無駄な利用がなく，資源の最適配分が達成されている．

独占とは，ある商品の全てが1社の売り手によって供給されている市場の状態である．つまり，独占企業は市場の需要を独り占めしているので，市場の右下がりの需要曲線がそのまま独占企業の需要曲線に他ならない．したがって，その販売量を増加させようとするならば，価格を引き下げなければならない．いま生産量が Q から $Q+\Delta Q$ に増加すると価格は P から $P+\Delta P$（$\Delta P<0$）に変化するので，総収入の変化は $\Delta TR=(P+\Delta P)(Q+\Delta Q)-PQ$ になる．限界収入は数量1単位あたりの変化による総収入の変化をみたものであるから，

$$MR=\frac{\Delta TR}{\Delta Q}=\frac{(P+\Delta P)(Q+\Delta Q)-PQ}{\Delta Q}=\frac{P\Delta Q+Q\Delta P+\Delta P\Delta Q}{\Delta Q}$$

となる．ここで ΔQ が微少な変化であれば ΔP も微少となり，その積 $\Delta P\Delta Q$ は無視できるほど小さくなるので，$\Delta TR=P\Delta Q+Q\Delta P$ とみなすことができる．したがって限界収入は，$MR=\frac{\Delta TR}{\Delta Q}=P+\frac{\Delta P}{\Delta Q}Q$ となる．これは MR が P（または需要曲線）より $\frac{\Delta P}{\Delta Q}Q$ だけ下に位置することを意味している．また，需要曲線が右下がりのとき，$\Delta P<0$ なら $\Delta Q>0$ になるので $\frac{\Delta P}{\Delta Q}\times Q<0$ ∴ $MR<P$ となる．需要曲線（D）の勾配が1次関数の式 $P=B-aQ$ であらわされたとするならば，総収入 TR は $TR=P\times Q$ より $TR=BQ\times aQ^2$ となる．したがって，$MR=\frac{\Delta TR}{\Delta Q}=B-2aQ$ となり，MR の勾配は D の勾配の2倍になる．

利潤の極大条件は完全競争と同様の理由で $MR=MC$ の点であるが，図19－2のように MR と MC の交点 X で生産量 Q_0 を決め，Q_0 に対応する需要曲線上の A 点（クールノーの点）で販売価格 P_1 を決める．つまり，生産量を変化させることを通じて市場価格を操作できるという意味で価格は独占企業が決めるものといえる．また，独占は定義上からいっても参入・退出がないので，この独占利潤は長期においても消滅することはない（利潤＝P_1ABP_3）．

同じ条件のもとで完全競争が行なわれていたとするならば，需要曲線 D と限界費用 MC が一致する点 E において価格 P_2 と供給量 Q_1 が決まる．したがって独占は完全競争よりも価格が高く，供給量が少ないことになる．また，余剰概念からいえば AEB に相当する死荷重が生じるので資源の最適配分が行なわれていないという弊害がある．

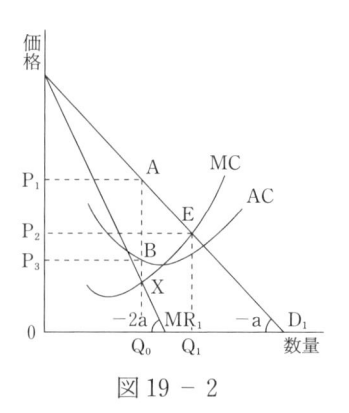

図19－2

第20講　独占の理論

学習日　　月　　日

〔問　題〕
　独占について以下の設問について説明しなさい．
(1) 独占企業の行動目的が売上高最大化にあるならば，この場合の価格・販売量・需要の価格弾力性の値について説明しなさい．なお，限界収入（MR）の式を明確にして説明すること．
(2) ラーナーの独占度について，独占度が大きいとはどのようなことを意味するのか，また完全競争市場ではラーナーの独占度の値がいくらになるかを説明しなさい．
(3) 独占といえども赤字が生じる場合があるが，このケースについて図解しなさい．

〈学習上の留意点〉

　ボーモールの「売上最大化仮説」によれば，企業は利潤最大化よりもむしろ売上高を最大化しようとする傾向にあると主張しています．企業にとっては売上高の大きさが，経営者の地位の安定，資金調達先・取引先・顧客といった外部の信用度と深くかかわっています．特に売上高の減少は製品に対する消費者の人気の低下や金融機関の警戒を招く結果になりかねないので，企業は売上高最大化を目指して活動する傾向があります．

　独占理論は知っていてもラーナーの独占度までは知らない人が多いです．設問の(1)式からラーナー独占度の式を導出し，完全競争の場合は独占度がゼロになることを説明することにポイントがあります．

　また，独占といえども初期投資のときには赤字が生じることがあります．たとえば，団地が出来た場合そこに大型のスーパーを作り，そこの顧客を独占するケースがあげられます．長期的に団地の開発が進み人口が増加して需要曲線が右にシフトすれば赤字が解消することから，初期投資のころは赤字覚悟でその地域の独占を図るという戦略です．

　なお，「独占」という設問は，序文，限界収入MRの導出の仕方，限界収入MRの勾配が需要曲線（D）の勾配の2倍となるところまでは，第19講と同じ内容でまとめると独占理論の理解度が早くなります．

〔参考答案例〕

(1) 独占とは，ある商品の全てが1社の売り手によって供給されている市場の状態である．つまり，独占企業は市場の需要を独り占めしているので，市場の右下がりの需要曲線がそのまま独占企業の需要曲線に他ならない．したがって，その販売量を増加させようとするならば，価格を引き下げなければならない．いま生産量が Q から $Q+\Delta Q$ に増加すると価格は P から $P+\Delta P$ $(\Delta P<0)$ に変化するので，総収入の変化は $\Delta TR=(P+\Delta P)(Q+\Delta Q)-PQ$ になる．限界収入は数量1単位あたりの変化による総収入の変化をみたものであるから，

$$MR=\frac{\Delta TR}{\Delta Q}=\frac{(P+\Delta P)(Q+\Delta Q)-PQ}{\Delta Q}=\frac{P\Delta Q+Q\Delta P+\Delta P\Delta Q}{\Delta Q}$$

となる．ここで ΔQ が微少な変化であれば ΔP も微少となり，その積 $\Delta P\Delta Q$ は無視できるほど小さくなるので，$\Delta TR=P\Delta Q+Q\Delta P$ とみなすことができる．したがって限界収入は，

$$MR=\frac{\Delta TR}{\Delta Q}=P+\frac{\Delta P}{\Delta Q}Q$$

となる．これは MR が P（または需要曲線）より $\frac{\Delta P}{\Delta Q}Q$ だけ下に位置することを意味している．

また，需要曲線の勾配が1次関数の式 $P=B-aQ$ であらわされたとするならば，$TR=P\times Q$ より，$TR=BQ-aQ^2$ となる．したがって，$MR=\frac{\Delta TR}{\Delta Q}=B-2aQ$ となり，限界収入曲線の勾配は需要曲線の勾配の2倍になる．

需要の価格弾力性とは，ある財の価格が変化したとき，その財の需要量がどの程度変化したかをあらわす指標であり，価格＝P，需要量＝Q，価格の変化分＝ΔP，需要量の変化分＝ΔQ とすると，需要の価格弾力性 $(Ed)=-\frac{\Delta Q}{\Delta P}\times\frac{P}{Q}$ となり，この式を $MR=P+\frac{\Delta P}{\Delta Q}Q$ に代入すると，$MR=P\left(1-\frac{1}{Ed}\right)$ になる．この式に $Ed=1$ を代入すると $MR=0$ になるので，図20－1のように描くことができる．

独占企業の行動目的が「売上最大化」にあるならば，独占企業にとっての最適生産量は限界収入がゼロとなる図20－1の Q の水準になる．なぜならば Q よりも生産量が低い水準では，限界収入は正の値をとるから生産量を増加させることによって総収入を増加させることが可能であり，逆に Q よりも生産量が大きな水準では限界収入が負の値をとるため，生産量を減少させることで，総収入を増加させることが可能になるからである．よって，独占企業が収入最大化（面積 $0PAQ$）を実現する生産水準のもとでは限界収入はゼロになる．すなわち，限界収入がゼロになる収入最大化のもとでは，$MR=P\left(1-\frac{1}{Ed}\right)=0$ より，需要の価格弾力性の値は1となり，価格は P，供給量は Q になる．

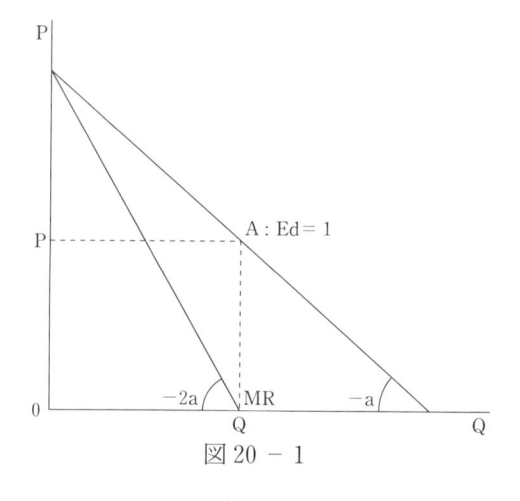

図20－1

(2) ラーナーの独占度とは限界収入 MR＝P$\left(1-\dfrac{1}{Ed}\right)$の式を$\dfrac{1}{Ed}$について整理し，その値をmと置くと，m＝$\dfrac{1}{Ed}$＝$\dfrac{(P-MR)}{P}$となる．このmの値が「ラーナーの独占度」と呼ばれるものである．このEdの値が大きいほど独占度が小さく，小さいほど独占度が大きいことをあらわす．すなわち，完全競争における需要曲線は市場価格水準に対して水平に与えられているので，Ed＝∞となり，ラーナーの独占度はゼロになる．同様に完全競争市場ではP＝MRであるので，やはりラーナーの独占度はゼロになる．他方，独占企業が直面する市場の需要曲線が垂直に近づくほどEdの値はゼロに近づくのでmの値が無限大に大きくなっていく．

(3) 図20－2にみられるように，限界収入曲線MR，限界費用曲線MCおよび平均費用ACが与えられているとしよう．独占の均衡条件は限界収入MR＝限界費用MCの点であるが，図20－2のようにMRとMCの交点Xで生産量Qを決め，Qに対応する需要曲線上のA点（クールノーの点）で販売価格Pを決める．そうすると，総収入＝P×Qより，図20－2の０PAQの面積になる．同様に総費用は０CBQになるので，０PAQから０CBQを差し引くとPCBAの赤字が生じることになる．

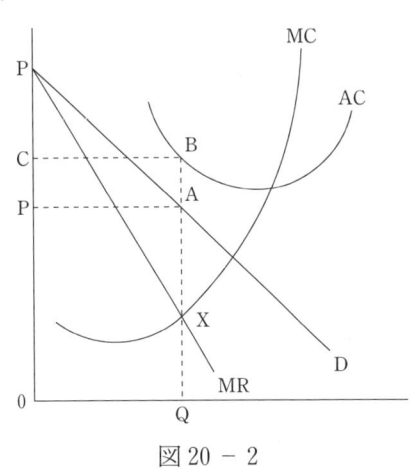

図20－2

第21講　独占的競争

学習日　　月　　日

〔問　題〕
　独占的競争について説明しなさい．

〈学習上の留意点〉

　独占的競争については，第19講の応用問題と考えれば，それ程難しいものではありません．序文では，独占的競争の条件と製品差別化の要因は必ず明示して下さい．ここでは短期均衡から長期均衡へのシフトにポイントがありますので，特に長期均衡では，完全競争と独占の均衡条件が満たされていることが確認できるような正確な図を描くことが大切です．そして，結論では独占的競争の弊害を把握して下さい．

〔参考答案例〕

独占的競争とは，①同一産業の企業が多数存在する，②各企業は市場の状況について完全な情報を持っている，③長期的には企業の参入・退出が自由である，という点で完全競争の条件と同じであるが，④各企業の生産する財は，完全に同質な財ではなく各企業に製品差別化がみられる，という点で独占に類似した性格を有する産業である．このような製品差別化の要因としては，品質・性能・デザイン・立地条件・アフターサービスなどをあげることができる．わが国において，製品差別化が著しい財・サービスとして衣料・食料・ホテル・ガソリンスタンド・レストラン・出版業などがあげられる．

このように，独占的競争は製品差別化が存在するために，企業は自己の生産物においてある程度の独占力を有する．このため，需要曲線 D は独占の場合のように右下がりになる．ただし，他の企業が密接な代替財を販売しているため需要の弾力性は高く，需要曲線の傾斜は緩やかな形になる．いま図 21 − 1 において，ある企業にとっての需要曲線を D_1，D_1 に対応する限界収入曲線を MR_1，短期限界費用曲線を SMC，短期平均費用曲線を SAC とする．独占的競争企業の短期における利潤は，SMC と MR とが一致する X 点に対応して生産量 $0Q_1$ を決め，$0Q_1$ に対応する需要曲線上の A 点（クールノーの点）の高さで価格 P_1 が決められる．このとき利潤は最大になり，それは面積 P_1ABP_2 になる．

しかし，独占と違って独占的競争の場合，製品が差別化されているといっても，他の企業がこの市場に参入を困難にするほどの差別化ではない．独占的競争市場では，技術が比較的簡単で，真似しやすく，比較的少額の資金で容易に参入することができる．このため少しでも超過利潤が存在していると，他の企業が正の利潤の獲得を目指してこの市場に参入してくる．その結果，類似商品の供給が増加し，既存企業の需要曲線 D_1 は図 21 − 2 の LAC に接する D_2 まで左方にシフトすることになる．需要曲線 D_2 と図 21 − 2 の LAC の接点を A_1 とすると，この A_1 点において生産量を Q_2，価格を P_3 に決める．価格 P_3 は長期平均費用に一致しているので

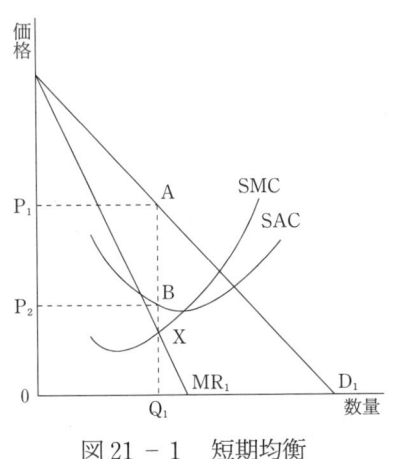

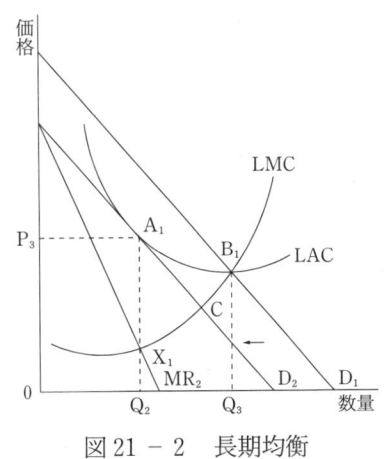

図 21 − 1　短期均衡

図 21 − 2　長期均衡

完全競争の条件が満たされているが，利潤はゼロである．一方，D_2に対応する限界収入曲線をMR_2とし，LMCとMR_2の交点X_1で生産量をQ_2に決め，Q_2に対応する需要曲線上のA_1点で価格を決めるという独占の条件が満たされている．以上のことから，完全競争と独占の条件が同時に満たされたときに新規企業の参入が停止し，市場全体の均衡が成立するのである．

このように，独占的競争企業は製品を差別化することによって短期的には利潤を獲得するが，長期的にはこの利潤獲得をめざして新規企業が参入してくるため即有企業の利潤はゼロになってしまう．また需要曲線D_2が右下がりであり，長期平均費用LACがU字型であることからD_2とLACが接するA_1点はLACの右下がりの部分であり，LACの最低点B_1より左側にある．それゆえ，長期の生産量Q_2は最小平均費用に見合う水準Q_3よりも少なく，(Q_3-Q_2)の過剰能力があらわれ慢性的な設備過剰の状況になっている．また，完全競争市場の均衡点（C点）に比較して価格が高く生産量が少なく，A_1CX_1に相当する死荷重が生じており資源の最適配分が行なわれていない．さらに，需要曲線を少しでも右方へシフトさせようとして，広告宣伝を行なったり自己の製品の差別化を進めようとしてモデルチェンジを行なうため，資源の浪費が大きい．サムエルソンは独占的競争の例として散髪屋をあげているが，アメリカでも散髪屋の数が多くて，たくさんの椅子を空けたままにして営業をしている．業者の数が少なければ設備を十分に生かして安い料金で営業できるものを，独占的競争のためたくさんの業者が乱立し，多くの空席をのこしたままで高い料金を顧客に支払わせているというのである．

第22講　双方独占

学習日　　月　　日

〔問　題〕
　労働市場について以下の設問について説明しなさい．
(1) 労働の供給独占について説明しなさい．
(2) 労働の需要独占について説明しなさい．
(3) 双方独占について説明しなさい．

〈学習上の留意点〉

　双方独占とは，売り手と買い手がともに1社（あるいは1グループ）ずつ存在している市場状況をさします．たとえば，労働市場において労働組合が労働力の供給独占者として存在し，他方企業団体が労働力の需要独占者として対峙しているような状況があてはまります．理論的には供給独占分析すなわち市場に1社の供給独占者と多数の需要者とが存在している場合の均衡分析と，需要独占分析すなわち市場に1社の需要独占者と多数の要素供給者とが存在している場合の均衡分析を重ね合わせることによって，双方独占を分析することができます．限界収入（MR）の式の導出はある程度できるのですが，限界要素費用曲線（MFC）の式の導出の仕方を説明できる人は非常に少ないのでこの機会に覚えて下さい．

　ここでは，労働組合（労働の供給独占者）と企業団体（労働の需要独占者）における賃金交渉を例にあげながら説明しますが，交渉力それ自体の分析は経済学にはありません．これは経済的要因のみでは説明できないからです．しかし，交渉能力と経済的要因はきわめて密接な関係にあります．そのなかで重要なものは交渉が長期化した場合に備えての活動資金量，景気の動向，労働市場の需給関係などです．経済外的要因としての世論の支持，政治の動向などが交渉力に大きく影響するといわれています．

〔参考答案例〕

(1) 生産要素の供給は労働者のみによって行なわれるから、労働者に対する需要は市場全体の需要に他ならない。図22-1のD曲線を労働の市場需要曲線とすれば、これは同時に労働者の需要曲線を意味する。労働者は労働を1単位提供した時、その賃金は需要曲線にしたがって下落せざるをえない。いま労働力がLからL+ΔLに増加すると賃金はWからW+ΔW（ΔW＜0）に変化するので、総所得（FI）の変化はΔFI＝(L+ΔL)(W+ΔW)－LWになる。限界要素所得（MFI）は労働力1単位あたりの変化による総所得の変化をみたものであるから、

$$\mathrm{MFI} = \frac{\Delta \mathrm{FI}}{\Delta \mathrm{L}} = \frac{(\mathrm{L}+\Delta\mathrm{L})(\mathrm{W}+\Delta\mathrm{W}) - \mathrm{LW}}{\Delta\mathrm{L}} = \frac{\mathrm{W}\Delta\mathrm{L} + \mathrm{L}\Delta\mathrm{W} + \Delta\mathrm{W}\Delta\mathrm{L}}{\Delta\mathrm{L}}$$

となる。ここでΔLが微少な変化であればΔWも微少となり、その積ΔLΔWは無視できるほど小さくなるので、ΔFI＝WΔL+LΔWとみなすことができる。したがって限界要素所得は、$\mathrm{MFI} = \frac{\Delta\mathrm{FI}}{\Delta\mathrm{L}} = \mathrm{W} + \frac{\Delta\mathrm{W}}{\Delta\mathrm{L}}\mathrm{L}$ となる。これはMFIがW（または需要曲線）より $\frac{\Delta\mathrm{W}}{\Delta\mathrm{L}}\mathrm{L}$ だけ下に位置することを意味している。また、需要曲線が右下がりのとき、ΔW＜0ならΔL＞0になるので $\frac{\Delta\mathrm{W}}{\Delta\mathrm{L}}\mathrm{L} < 0$ となり、MFI＜Wとなる。

また、需要曲線の勾配が1次関数の式W＝B－aLであらわされたとするならば、FI＝W×Lより、TR＝LW－aL²となる。したがって、$\mathrm{MFI} = \frac{\Delta\mathrm{W}}{\Delta\mathrm{L}} = \mathrm{B} - 2\mathrm{aL}$ となり、限界要素所得曲線の勾配は需要曲線の勾配の2倍になる。

他方労働力の供給は苦痛を伴うから、労働力の供給曲線Sは労働力の限界苦痛曲線から導き出される。そこで、当該労働供給者の立場からみて最も有利な供給量は、限界要素所得曲線MFIと供給曲線Sとが一致するB点で労働量 L_s を決め、L_s に対応する労働の需要曲線上のA点で賃金 W_s を決める。この賃金において獲得された賃金総額は極大化されている。それというのもいま供給独占下で限界要素所得（限界収入）と限界苦痛（限界費用）との一致という一般的利潤極大化条件が満たされているからである。

(2) 生産要素の需要は企業団体（労働力の需要独占者）のみによって行なわれる状況を取り上げる。この場合、生産要素の需要者は企業のみによって行なわれるから、労働者に対する供給曲線（S）は市場全体の供給に他ならないので図22-1のように右上がりになる。企業は生産要素を1単位余分に雇用することによって生じる費用の増加、すなわち「限界要素費用（MFC）」を考えてみよう。いま労働者がLからL+ΔLに増加すると賃金の支払いはW+ΔW（ΔW＞0）に増加するので、要素費用の変化はΔFC＝(L+ΔL)(W+ΔW)－LWになる。限界要素費用（MFC）は労働力1単位あたりの変化による総要素費用の変化をみたものであるから、

$$\mathrm{MFC} = \frac{\Delta\mathrm{FI}}{\Delta\mathrm{L}} = \frac{(\mathrm{L}+\Delta\mathrm{L})(\mathrm{W}+\Delta\mathrm{W}) - \mathrm{LW}}{\Delta\mathrm{L}} = \frac{\mathrm{W}\Delta\mathrm{L} + \mathrm{L}\Delta\mathrm{W} + \Delta\mathrm{W}\Delta\mathrm{L}}{\Delta\mathrm{L}}$$

となる。ここでΔLが微少な変化であればΔWも微少となり、その積ΔLΔWは無視できる程

小さくなるので，ΔFC＝WΔL＋LΔW とみなすことができる．したがって限界要素所得は，MFC＝$\frac{\Delta FI}{\Delta L}$＝W＋$\frac{\Delta W}{\Delta L}$L となる．これは MFC が S より $\frac{\Delta W}{\Delta L}$L だけ上に位置することを意味している．それというのも需要独占者が生産要素を新たに1単位獲得する場合，この限界単位に新たに生産要素価格 W を支払うにとどまらず，これまで雇用してきた労働力単位に対しても以前よりも高い現行賃金で支払わなければならないからである．この支払い超過分が MFC を W の上方に引き上げるのである．したがって，供給曲線が右上がりである限り，限界要素費用は常にその上方に描かれなければならない．

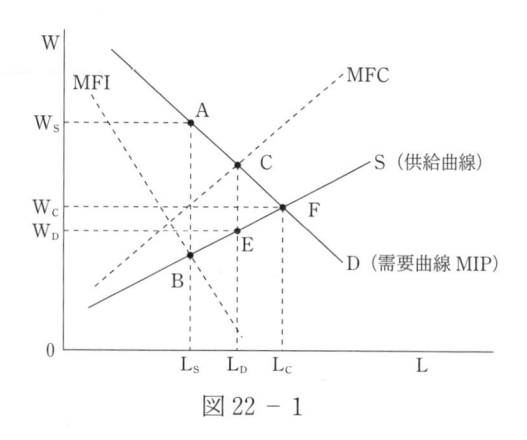

図22-1

かくして需要独占者の利潤極大点は，MFC 曲線と MIP 曲線との交点 C である．企業団体は L_D 量の労働を雇用して，賃金は L_D に対応する供給曲線上の E 点で賃金 W_D を決める．

(3) さて，現実は双方独占であるから，両独占体ともお互いにあなどりがたい経済的実力を有しており，要素価格がどの辺に定まるかは両者の交渉力次第である．仮に供給独占者の交渉力が優勢であれば，要素価格は上限の W_S に近づくであろうし，逆に需要独占者の交渉力が優勢であれば，要素価格は下限の W_D に近づくであろう．しかし，文字通り双方独占であれば，この上限と下限との不確定範囲に一義的な均衡解を求めることはできない．ただし，両者がお互いに歩み寄り「協調」をはかって両者の利益が最大になるような妥協点が求められるとすれば，それは F 点である．なぜなら，この場合明らかに生産者余剰（労働組合）と消費者余剰（企業者団体）の合計が最大になるからである．これはまさに競争的均衡にほかならない．その場合要素価格 W_C は供給価格 W_S より低くかつ労働供給量 L_C は L_S そして L_D いずれをも上回る．しかしながら双方独占において両者の協調がはかられ競争均衡が導き出される理論的必然性はない．

第23講　寡占企業の価格硬直性

学習日　　月　　日

〔問　題〕
　寡占企業の価格硬直性について以下の設問について説明しなさい．
(1) フル・コスト原則（マーク・アップ価格付）から寡占企業の価格硬直性について説明しなさい．
(2) 屈折需要曲線の理論から寡占企業の価格硬直性について説明しなさい．
(3) ゲームの理論（ナッシュ均衡・寡占のジレンマ）から寡占企業の価格硬直性について説明しなさい．

〈学習上の留意点〉

　価格の硬直性については，フル・コスト原則（マーク・アップ価格付），ポール・スィッジーの「屈折需要曲線」の理論とゲームの理論（ナッシュ均衡・寡占のジレンマ）があります．フル・コスト原則とはオックスフォード大学の調査グループが寡占企業に対して行なったアンケート調査から得られた価格決定方式で，$P=(1+m)AC$ であらわされます．ここでは，P＝生産者価格，m＝マーク・アップと呼ばれる利潤率，AC＝操業度80％のときの平均費用です．ゲームの理論は1994年にゼルテンとナッシュがノーベル経済学賞を受賞してから多くのテキストでみられるようになりました．ナッシュ均衡（寡占のジレンマ）を知らなかった人は，囚人のジレンマを考えて下さい．囚人のジレンマの否認を価格引き上げ，自白を現状維持に置き換えたのがナッシュ均衡（寡占のジレンマ）であるということにポイントがあります．なお，利潤行列表の数字は理解できるものであればどのような数字でもかまいません．

〔**参考答案例**〕

(1) フル・コスト原則とはオックスフォード大学の調査グループが寡占企業に対して行なったアンケート調査から得られた価格決定方式である．企業はまず，設備能力に関して標準的な操業度を定め，その生産水準のもとで生産物１単位当たり総費用を推定する．そして，目標とする利潤が実現するように平均費用の推定値に一定の利潤率（マーク・アップ）を加算して生産物の価格とするものである．寡占価格をP，平均費用をAC，マーク・アップと呼ばれる利潤率をmとすれば，$P=(1+m)AC$ であらわされている．このような価格設定は，①会計上のデータに基づいて価格の設定が行なえる．②価格が安定するため顧客の信頼を得やすく，取引契約や長期安定化に好都合に作用するなどの利点がある反面，費用側のみを考慮に入れ，市場の需要条件を無視したものであるから，利潤極大化の実現は期待できないなどの批判もある．

(2) 寡占企業はそれぞれ価格の需要弾力性が異なる２種の需要曲線に直面する．なぜなら市場にはあなどりがたい相手企業が存在するから，特定企業が何らかの理由で価格政策をとった時，それに対して競争企業が対抗手段をとる場合と，とらない場合とが考えられるからである．もし，特定企業の価格切下げに対し競争企業が同様に価格切下げという報復手段で対抗してきた場合には，価格切下げ効果は相殺されて需要の伸びは期待されない．そうであれば寡占企業は現行価格の下方にきわめて非弾力的な需要曲線を持つことになる．それが図23－1のBC曲線である．他方価格引上げに対しては恐らく競争企業は同調しないだろう．なぜなら競争企業は追随しないことによって特定企業から顧客を獲得できるからである．そうであれば寡占企業は現行価格の上方においてきわめて弾力的な需要曲線に直面する．それが図23－1のAB曲線である．したがって，寡占企業がそれぞれに持つ需要曲線は現行価格 P_0 において屈折しているのである．

このような理由で需要曲線は屈折しているから限界収入曲線MRも同様に屈折してしまう．ここで重要なことは屈折点に対応して限界収入曲線MRには垂直の「不連続線（DE）」が発生することである．図23－1に即していえば，需要曲線ABに対応するMRはADであり，BC部分に対応するMRはEFで示されるので，DE部分が不連続となる．この場合限界費用曲線MCが限界収入曲線MRの不連続部分DEを通る限り，MR＝MCの利潤極大化条件が成立し，価格 P_0 と生産量 Q_0 の組み合わせが決まる．したがって，図23－1に示すように寡占企業の費用条件が何らかの事情で変化し，それに応じて限界費用曲線の位置が変化しても，その変化が上限MC′曲線及び下限MC″曲線

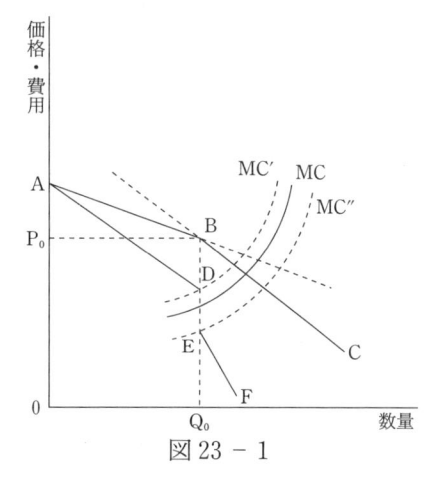

図23－1

の区間内にとどまる限り，価格と生産量を変更する理由は無い．換言すれば，費用条件の変化があっても，現行価格を維持した方が寡占企業にとって利潤の極大を実現することができるのである．これが，寡占価格の硬直性を説明する理論的根拠である．

(3) 表23-1は2つの戦略に対応する企業Aと企業Bの利潤を示したものであり，利潤行列と呼ばれる．企業Aの戦略の下に書かれている「価格引き上げ」と「現状価格維持」は企業Aの戦略を示す．同様に企業Bの戦略の右に書かれている「価格引き上げ」と「現状価格維持」は企業Bの戦略を示す．（ ）内の数値は左側が企業Aの利潤を，右側は企業Bの利潤を示す．たとえば，左上の(100, 100)は企業Aも企業Bも共に現状よりも「価格を引き上げる」という戦略をとった時に，企業A・Bの利潤は共に100になることを示す．

いま企業Aは「企業Bが引き上げ」を選択すれば，その利潤は100になる．これに対して，企業Aが現状価格維持を選択すれば価格が企業Bよりも安くなるので企業Aの商品が売れその利潤は130になり，企業Bの利潤は30に下がる．したがって，この場合企業Aは「現状価格維持」を選択したほうが利潤をより増やすことができる．他方，企業Aが「企業Bは現状価格維持を選択する」と予想すれば，企業Aにとってより有利な戦略は「現状価格維持」である．すなわち，企業Aの戦略は，企業Bの選択にかかわらず「現状価格維持」が最適である．同様の考え方から，企業Bにとっても「現状価格維持」を選択したほうが有利である．

もちろん両企業が暗黙のうちに結託して，共に「価格引き上げ」を選択すれば両企業は利潤を60から100に増やすことができる．このような結託が価格カルテルである．しかし，このような結託は安定的でない．なぜならば，いずれか一方だけが価格を引き上げる以前の水準である「現状価格維持」の水準まで引き下げれば，利潤を100から130に増やせるからである．ここにカルテル破りの誘因が存在する．しかし，いずれか一方がカルテルを破れば，他方も対抗手段をとって価格を引き上げ前の「現状価格維持」の水準まで引き下げるので，結局結託前の「現状価格維持」の水準に戻ってしまう．このように結託すれば共に有利になることがわかっていても，結局「現状価格維持」の組み合わせに戻ってしまうのがナッシュ均衡（寡占のジレンマ）である．

表23-1

企業Bの戦略 企業Aの戦略	価格引き上げ	現状価格維持
価格引き上げ	(100, 100)	(30, 130)
現状価格維持	(130, 30)	(60, 60)

第24講　参入障壁

学習日　　月　　日

〔問　題〕
　参入障壁について種類をあげて説明し，それと参入阻止価格との関係について説明しなさい．

〈学習上の留意点〉

　参入障壁の問題は，ミクロ経済学のなかでは理解度が低いので注意が必要です．規模の経済性，費用の条件の差についてはこの解説で図解していませんが，学習ガイダンスの参考書の1のテキストのp.216に図解されていますので参照して下さい．

　参入阻止価格の説明で有名なのが，モディリアニの図解です．この図は限界収入曲線MRや限界費用曲線MCが描かれていませんし，図の上で新規参入が予想される企業の平均費用曲線ACと社会全体の需要曲線Dの距離が離れているため，すぐには理解できない人もいるかと思いますが，図を丁寧に確認していくと分かると思います．

〔参考答案例〕

(1) 参入障壁

　完全競争が行なわれている市場および独占的競争が存在している市場では，既存の企業が超過利潤をあげているならば，新規企業がその市場に参入し，その種の商品の供給が増加して価格が低下し，全ての企業の超過利潤は消滅することになる．超過利潤がある限りは参入が続くから，いかなる企業の平均生産費もその価格に等しくなって，超過利潤が得られなくなってしまうのである．ところが，寡占が存在している市場では，いくつかの企業が超過利潤をあげていても，自由に参入することができない状況におかれている．自由な参入を阻止する要因を参入障壁という．

(2) 参入障壁の種類

参入障壁の代表的なものとして次の4つをあげることができる．

① 規模の経済性

　既存の寡占企業は大規模生産を行なって規模の利益を得ているために，新規企業は参入できない場合がある．規模の利益が生ずるのは，大規模生産が行なわれるにつれて機械の大型化と専門化が可能になること，分業が発達して労働の専門化が進むこと，効率的な生産方法を導入することが可能になること，管理費用の節約が可能になること，原材料の大量購入によるコスト引下げや大量販売による市場への優位性などがあるからである．このような規模の利益が存在している場合，新規企業が参入しようとするならば，はじめから大規模で参入しなければならない．しかし資金面や技術面で大規模参入は困難であり，仮に大規模で参入した場合，供給が増加して価格が低下することも考慮に入れなければならない．

② 費用条件の差

　既存企業はすぐれた技術を使用しそれについて特許権を持っており，さらには原材料の獲得及び製品販売について支配力を有し，かつ低金利で資金を調達しているから，新規企業が既存企業に対抗することは困難である．

③ 生産物の分化

　既存企業の生産物はその知名度が高く，ブランドは広くかつ深く需要者に浸透しているので，新規企業の製品がこれに対抗して市場を開拓することは困難である．生産物の分化が進んでいる商品については，多額の広告費や宣伝費を支出しなければならない．

④ 政府の規制

　産業の種類によっては，新規企業の設立は政府によって規制されている．政府は過当競争による過剰生産を避けるために，新規企業の設立を許可制にしている場合が多い．

(3) 参入阻止価格

　新規企業の参入を阻止して，長期にわたって利潤を獲得することができるような価格を付け

ることを参入阻止価格という．既存企業が高い価格を設定しているならば，一般的には高い利潤を得ることができるけれども，新規企業の参入を誘発して商品の供給量が増加し，やがて価格が低下して利潤率が下がる．それゆえに，既存企業は新規企業が参入してもひき合わないような低い価格を設定して参入を阻止し，長期利潤を極大にしようとする．このような価格の設定については，モディリアニの説明が有名であるので，ここではモディリアニの図によって説明しよう．図24－1において，D線はこの種の生産物についての社会全体の需要曲線，AC線は新規参入が予想される企業の長期平均費用曲線とする．０M（m）はこの企業の平均費用が最小となる最適規模の生産量である．いまこのAC線を右に移動させ，D線と接するようにする．この移動させた費用曲線をAC′とする．AC′の最低点から垂線を下ろし，横軸との交点をM′とする．M′からm量だけ左に測って０′を求める．これを新原点として，この点から垂線を立てこれとD線との交点をBとするならば，参入阻止価格は０′Bすなわち０Pとなる．既存企業はこの価格のもとで社会的需要０ ０′をみたす．需要曲線がDであるとすれば，価格０Pのもとでは０ ０′供給することができるわけである．この価格を付けておけば，新規企業の参入は阻止される．なぜならこの価格は社会的需要０ ０′のもとでの新規企業の平均費用より低いからである．ただし新規企業もAC′線とD線の接点Aまで，すなわち０′M″生産するならば参入は不可能ではないが，その場合には価格は０P″に低下して平均費用に等しくなり利潤が消滅するからあえて参入する意味がない．このようにして設定される参入阻止価格は，社会的需要曲線の勾配によって異なることがわかる．図24－1において需要曲線がD′のように緩い勾配のものであれば，参入阻止価格は０′B′すなわち０P′へと低くなる．

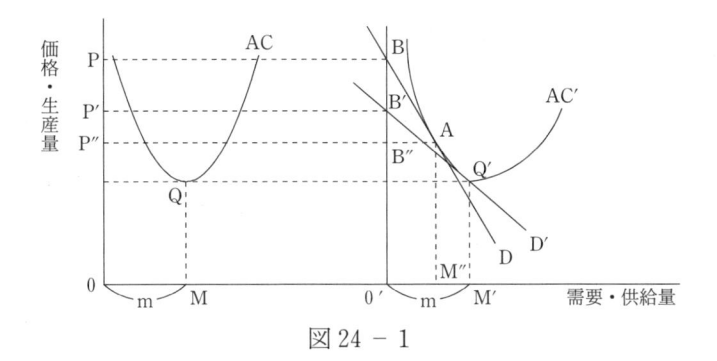

図24－1

第25講 市場の失敗

学習日　　月　　日

[問　題]
市場の失敗について説明しなさい．

〈学習上の留意点〉

「市場の失敗」の定義は，完全競争の状態で市場機構が十分に働いていたとしても，その内在的限界のため資源の最適配分が阻害されるケースをいいます．「市場の失敗」とはあくまでも完全競争市場を前提にしていますので，独占のケースを取り上げる必要はありません．市場の失敗には「外部効果」，「公共財」，「費用逓減産業」，「情報の不確実性」の4つがあげられます．「外部効果は」は外部経済と外部不経済に分けられますが，最近は環境問題が社会的関心を集めており，2001年に「家電リサイクル法」が施行されて以来，外部不経済に関する設問が多くみられます．「公共財」では私的財との違い，需要曲線の導出の仕方，フリーライダーが可能であるということにポイントがあります．現在「脱ダム宣言」などにみられるように公共財のみ直しが議論されていますので，公共財の内容を把握することは大切です．「費用逓減産業」では，市場に任せておけば自然に独占になることから，独占の弊害を無くすために政府が価格を指導しますが，費用逓減産業の多くには補助金が交付されています．補助金の財源は税金によって賄なわれますが，税金を賦課することによって第18講のように死荷重が生じたり，税金を何に賦課するかによって分配上の問題点が生じます．また，赤字部分がいつまでも補助金によって埋められるということになれば，企業は経営努力をしなくなる可能性があります．現在道路公団や特殊法人などの民営化が議論されているのはこのような背景があるからです．「情報の不確実性」では，情報を多く持っている方が有利に働きます．そこで2001年に「情報公開法」が施行されて以来これに関する設問が多くみられます．これらの4つの要因については個別でも出題されていますので，必ず勉強しておいて下さい．

〔参考答案例〕

　価格機構は完全競争下において資源の最適配分を実現する．しかし，現実の経済は完全競争の諸条件を満たしていてもさまざまな要因によって真のパレート最適を妨げる要因を「市場の失敗」といい，次のようなものがあげられる．

(1) 外部効果の存在：外部効果とは，ある経済主体の活動が市場機構を通じることなく，他の経済主体に有利あるいは不利な影響を与えることである．このうち，他の経済主体に有利な影響を与える場合を外部効果といい，新技術に対する波及効果，街路の緑化や美化による生活環境の改善等がある．他方他の経済主体に不利な影響を与えることを外部不経済といい工場の煤煙，騒音，悪臭等の公害がある．外部経済において，図 25 − 1 の D 線はこの産業が生産する財の需要曲線である．他方，S_1 線はこの産業の私的限界費用である．ここで，BC の外部効果が発生していれば，社会的限界費用は S 線で示される．この場合，競争的均衡である F 点では，社会的に望ましい水準以下の生産（q_0-q_1）しか行なわれていないので，FEG の死荷重が生じており資源の最適配分が阻害されている．この場合は政府がその生産者に補助金を交付するなどして，その生産を増加させるようにすれば良い．これに対して，ある産業が AB の損害を他の経済主体に発生させていると，私的限界費用は S_2 線によって示される．この場合は，社会的に望ましい水準以上に生産（q_2-q_0）されているため，EHJ の死荷重が生じており資源の最適配分が阻害されている．この場合にはその生産者に課税する（ピグー的租税政策：外部経済の発生者に外部限界費用に等しい額だけ課税する）ことによってその生産を望ましい水準まで減少させるか，あるいは政府によって法律で生産を規制することが必要である．

(2) 公共財の存在：公共財とは，第1に，排除原則が適用されない財・サービスである．すなわち，その供給を受けた人が代価の支払を拒否した場合でもその供給を差し止めることが不可能な財・サービスである．第2は，消費の共同性である．すなわち，同一の財・サービスから2人以上の個人が同時に便益を受け取ることができる財・サービスである．具体的には，道路，公園，灯台，警察，消防，国防などが挙げられる．

　公共財の需要曲線（D）は，特定の生産量水準において各家庭は公共財にどれだけの代価を支払っても良いと考えているかをあらわしている「限界評価」の大きさをあらわしている．したがって公共財に対する社会全体の需要曲線を導き出すには各家庭の限界評価を垂直に合計（垂直和）することによって導き出される．公共財の供給曲線（S）は，公共財の限界費用曲線である．この需要曲線と供給曲線の交点 E において公共財の最適生産量が決定される．しかし，このような公共財の最適生産量が決定されるのは，各人が正当な限界評価を示しているという条件がつく．もし自らの限界評価に応じて価格を負担しなければならないならば，人々は本当の選好を示さず過小の評価を試みるであろう．なぜなら，公共財は「ただ乗り」（フリーライダー）が可能であり，価格を負担しなくても公共財を利用できるからである．この場合，図

図25-1　　　　　　　　図25-2　　　　　　　　図25-3

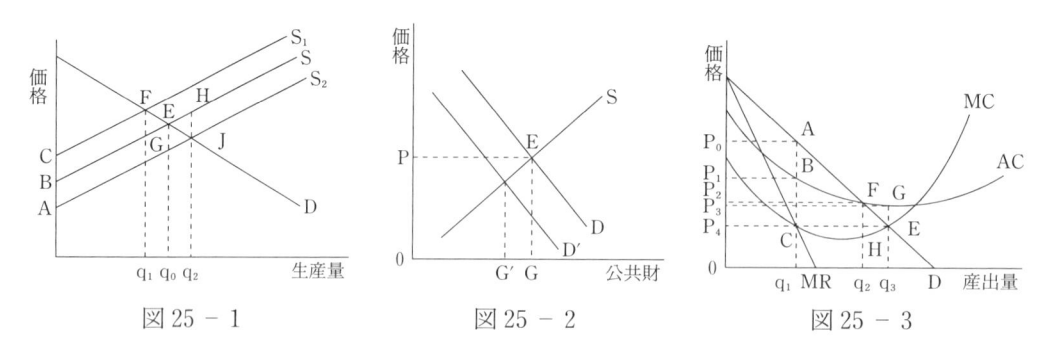

25-2のD曲線はD'曲線の方向にシフトするため，公共財は最適水準を下回る（q_1-q_0）のである．すなわち，公共財については，各人の限界評価を正確に価格に反映することができないので，公共財は国や地方公共団体が供給量を決め，通常は無料で提供して供給コストは税金で賄うという政策がとられるのである．

(3) 費用逓減産業：費用逓減産業とは，最適規模の生産水準に達するまで平均費用が下がり続けていく産業で，鉄道，航空，電気，ガスなどにみられる．このような産業では，その技術的特性から膨大な固定費用の投入量を必要とするため，平均費用が逓減する領域においては，限界費用が平均費用の下方に位置する．こうした財を市場メカニズムに委ねるならば，企業は限界費用（MC）と限界収入（MR）の一致するC点で産出量をq_1に決め，q_1に対応するA点で価格を決める．この場合，AECに相当する死荷重が生じるため資源の最適配分が阻害される．このため，価格＝限界費用というE点で生産すれば，価格は平均費用よりも低くなり，企業は図25-3のP_3GEP_4の損失を蒙るため，いかに資源配分上望ましいとしても市場を通じてその実現を図ることは不可能である．そこで，この企業活動を継続させるためには，この損失部分を政府が補助金で穴埋めするか，直接政府企業として経営することによって資源の最適配分を達成することが必要である．

(4) 情報の不確実性：完全競争市場においては，売手と買手が市場の状態において完全な情報を持っていることを前提にしているので不確実性は存在しない．しかし，完全競争を想定しても免れないものとして通信的不確実性である．たとえば，売手と買手の間に情報の非対称性が存在すると，より多くの情報を持っているほうが情報を操作して，より有利な取引き条件を相手に飲ませようとする誘因が働く．アメリカでは，購買後に欠陥があることが判明するような財をレモン，賞賛に値するような財をピーチと呼んでいるが，買手はレモンかピーチかを見分けるための情報収集費用が高すぎるために，費用をかけて情報を収集するよりも，市場に出回っているピーチとレモンの比率を予想して平均的な価格で買わざるを得ない．このような情報の非対称性が存在すると，ピーチの市場取引きは存在しないという意味で，市場の効率的な資源の最適配分に失敗することから，これをレモンの原理と呼んでいる．このような市場として，中古車，住宅市場が挙げられる．

第II部　マクロ経済学

第26講　I・Sバランス式

学習日　　月　　日

〔問　題〕

過去に比べて減少したとはいえ，現在でも日本の経常収支黒字は多額であり，逆にアメリカは多額の経常赤字を抱えたままである．つまり，日米間の貿易不均衡は解消されたとはいえず，日米貿易摩擦の火種はくすぶったままである．

このような経常収支の不均衡を国民所得の貯蓄・投資バランス式から説明しなさい．

〈学習上の留意点〉

　国民経済計算における三面等価の原則から，民間部門の貯蓄超過，財政赤字，経常収支の三者の関係を問う問題です．貯蓄・投資のバランス式は，マクロ経済学の基本であると共に日本経済における時事問題でもありますので必ず把握して下さい．

　国民所得の三面等価の原則から，総需要と総供給が何から構成されているかを把握し，貯蓄・投資のバランス式を導出します．そして，経常収支の黒字が何に使われているかを説明し，日米の財政・経常収支の現状を貯蓄・投資のバランス式に当てはめて検討して下さい．現在，日本の貯蓄残高は約1,400兆円あるといわれています．「家にはそんなに貯蓄はないのに」と思っている人も多いと思います．これは貯蓄といっても預貯金のほかに内外の国債，社債，金融債，株式などが含まれているからです．この内訳を知る意味でも貯蓄・投資バランス式の理解が必要になってきます．ここでは企業の資金調達について説明しませんでしたが，企業の資金調達の内容を説明すると以下のようになります．

　企業の投資資金は，負債の増加（社債の発行，銀行借入）あるいは内部留保によって調達されます．内部留保は企業の貯蓄であり，これは参考答案例の(4)式の左辺に含まれます．したがって，貯蓄の一部は右辺の投資資金の源泉になっていることが理解されます．すなわち，家計は新規に発行される社債や株式を購入することによって，直接投資資金を供給すると共に，預金を増やすことによって，銀行を通じて企業に対する投資資金を供給しているのです．

〔**参考答案例**〕

　国内総生産（GDP）は一国の経済において，生産された全ての財・サービスの付加価値（生産額総計から中間生産物を控除したもの）の合計額と定義される．これは生産面，分配面，支出面から捉えることができる．生産された国民所得は必ず家計，企業，政府のいずれかの主体に分配される．たとえば，労働を提供した人には給料・賃金で，土地を提供してくれた人には地代で分配される．また政府には法人税というかたちで分配され，残りは企業の社内留保というかたちで分配される．ゆえに，生産面からみた国民所得≡分配面からみた国民所得という関係が成り立つ．

　さらに，分配された国民所得は家計ならば消費財を需要するために，企業ならば投資財を需要するために支出される．ゆえに，分配面からみた国民所得≡支出面からみた国民所得という関係が成り立つ．当然支出された国民所得は生産されたものを購入するので，生産面からみた国民所得≡分配面からみた国民所得≡支出面からみた国民所得という関係が成り立つ．このような国民所得の関係を「国民所得の三面等価の原則」という．

　生産面からみた国民所得≡分配面からみた国民所得より，分配された国民所得がどのように使われるかを考えると，所得のうち消費されなかった部分は必ず貯蓄されることになる．政府部門の消費と貯蓄を合計したものが租税であるので，生産面からみた国民所得（総供給）≡分配面でみた国民所得≡民間消費（C）＋民間貯蓄（S）＋租税（T）となり，総供給 Y_s は，

$$Y_s \equiv C+S+T \quad \cdots\cdots ①$$

という恒等式であらわされる．

　一方，総需要は国民所得を支出面からみたもので，民間消費（C），民間投資（I），政府支出（G），経常収支から構成される．経常収支は貿易・サービス収支，所得収支，経常移転収支からなるが，ここでは議論を単純化するために経常収支を輸出 X－輸入 M であらわすと，支出面からみた国民総支出 Y_d は

$$Y_d \equiv C+I+G+X-M \quad \cdots\cdots ②$$

という恒等式であらわされる．

　国民所得の三面等価の原則より，生産国民所得≡支出国民所得が成立するので，①，②式より

$$C+S+T \equiv C+I+G+X-M \quad \cdots\cdots ③$$

という恒当式であらわされ③式からCを消去して整理すると

$$S-I \equiv (G-T)+(X-M)$$

が得られる．この式を貯蓄・投資バランス式といい，民間部門の貯蓄超過は，財政赤字（G－T）と経常収支黒字（X－M）の和に等しいという関係が導き出される．この式を貯蓄の式に変形すると

$$S \equiv I + (G - T) + (X - M) \quad \cdots\cdots ④$$

となる．家計が1年間に消費せずに貯蓄したものは，現金や定期預金，債券（国債・社債）や株式といった金融資産の純増加となっている．すなわち，これらの資産を購入することによって，われわれの貯蓄が企業の投資活動や財政の赤字，経常収支の黒字の源泉になっていることを示している．

財政の赤字は国債の発行によって賄われる．民間部門の貯蓄は国債を保有することによって財政の赤字を賄っているのである．自国の経常収支の黒字は（輸出－輸入）は外国の経常収支の赤字に等しい．外国の経常収支の赤字は，外国証券の発行（米国債，ドル証券の発行）によって資金調達される．日本が電器製品や自動車を輸出することによって得た代金は，外国が保有していた証券の取得に使われる．つまり，日本の経常収支の黒字は貯蓄を通じた外国証券の取得を意味するのである．

したがって，貯蓄は資産の純増であるが，その内訳は企業の株式や社債の保有，現金や国債の保有増，外国証券の保有増に等しくなっている．そして，このような資産の購入によって，貯蓄は企業の投資や財政の赤字，経常収支の黒字（外国の借金）を支えるための資金の供給になっている．換言すれば④式の左辺の貯蓄は資金の供給であり，右辺は資金の需要を意味している．企業は投資のための資金を需要し，政府は財政赤字を埋めるために資金を需要する．他方，外国は経常収支の赤字を埋めるために資金を需要する（日本への輸出よりも輸入が上回っているために日本から借金をしなければならない）．繰り返すことになるが，これらはみなわれわれの貯蓄で賄われているのである．

もう一度②式に戻ってみよう．消費と投資さらに政府支出の和を内需（国内需要）と呼ぶと，総生産から内需を差し引いたものが経常収支（輸出－輸入＝純輸出）に他ならない．すなわち，日本で生産されたものから国内で需要されたものを引くと，残りは外国の居住者が需要したもの（純輸出額）に等しくなるはずである．

以上の関係を用いると，日本は現在多額の経常収支の黒字が発生しており，反対にアメリカでは大幅な経常収支の赤字が発生している．これが日米の貿易不均衡と呼ばれる事態であり，日米間の貿易摩擦の原因となっていることは良く知られた事実である．いま，米国のケースを④式から考えてみよう．ここで貯蓄額と投資額が変わらないとすると，財政の赤字が拡大したときは，経常収支の黒字は減少（赤字は拡大）することになる．日本では，政府の赤字が発生しているにもかかわらず経常収支の黒字が生じているのは，民間部門の貯蓄率が高いからである．これに対して，アメリカでは相対的に貯蓄率が低いため経常収支赤字の基本的な原因となっている．つまり，アメリカの場合には貯蓄率を高めれば，経常収支の赤字は減少していくことになるのである．

第27講　均衡国民所得の安定性

学習日　　月　　日

〔問 題〕
　均衡国民所得の安定性について説明しなさい．なお，問題を単純化するために，政府部門，海外部門は捨象する．

〈学習上の留意点〉
　マクロ経済学において，45度線分析は基本であると共に非常に重要な課題です．総需要が消費（C）と投資（I）から構成されていることはほとんどの人が把握していますが，総供給が消費（C）と貯蓄（S）から構成されている理由，45度線が総供給線であることを把握している人はそれ程多くはありません．また，消費線の勾配が限界消費性向であること，貯蓄線の勾配が限界貯蓄性向であることを把握している人はもっと少なくなります．これらのことは，図解するうえで必ず明示することが必要です．45度線図及び投資＝貯蓄の図は第28・30・31講にも出てきますが，この図を使って説明する問題は意外に多いので，この機会に正確な図が描けるようにしておいて下さい．
　ここでは，総需要＝総供給のとき国民所得が均衡しますが，総需要＞総供給のときは投資＞貯蓄の状態になり，総需要＜総供給のときには投資＜貯蓄の状態になっていることを確認し，それらが総需要＝総供給になる過程を説明して下さい．
　第1講の限界概念の計算の仕方を思い出して，下の表より消費性向，限界消費性向，限界貯蓄性向，限界消費性向＋限界貯蓄性向＝1の計算の仕方を確認して下さい．

表27－1

所得 Y	消費 C	消費性向 $\frac{C}{Y}$	限界消費性向 $\frac{\Delta C}{\Delta Y}$	限界貯蓄性向 $\frac{\Delta S}{\Delta Y}$
0	30	—	—	—
100	100	1	0.7	—
200	160	0.8	0.6	0.4
300	210	0.7	0.5	0.5

〔参考答案例〕

　ケインズの理論にしたがえば，均衡国民所得は総需要と総供給が均衡するところで決定されるというものである．総需要は，家計の消費財（C）の需要と企業の投資財（I）の需要の合計としてあらわされるので，「総需要＝消費（C）＋投資（I）」という関係が成り立つ．一方総供給は，国民所得を分配した結果として定義されている．すなわち，分配された国民所得は結局のところ，消費（C）されるか貯蓄（S）されるので「総供給＝消費（C）＋貯蓄（S）」という関係が成り立つ．したがって，総需要と総供給が均衡するときには，投資（I）と貯蓄（S）も一致するという関係が成り立つ．また，消費はケインズ型消費関数を考えているので，$C=a+bY$ であらわされる．ここで，定数 a は基礎的消費で，たとえ所得が無い場合でも生命維持のための必要最低限の消費である．b は限界消費性向で，所得の変化分に対する消費の変化分の比率 $\left(\dfrac{\Delta C}{\Delta Y}\right)$ であり，C 線の勾配としてあらわされる．また $S=Y-C$ であり，上述のケインズ型消費関数を代入して整理すれば，$S=-a+(1-b)Y$ となる．（1－b）は限界貯蓄性向であり S 線の勾配によってあらわされるので，C 線と S 線は図 27－1 のように描くことができる．そして，限界消費性向＋限界貯蓄性向＝1 より，C 線と S 線を合わせたものが 45 度線になるので，45 度線はつねに $Y=C+S$，すなわち総供給線の大きさをあらわしている．一方，投資（I）は独立投資を考えている独立投資とは国民所得の増加に依存しない投資をいうので図 27－1 のように横軸に平行に描くことができる．このことから総需要は，図 27－1 のように C＋I 線で描くことができる．ここでは 45 度線と C＋I 線の交点 E および S 線と I 線の交点 E′が総需要＝総供給となる点であり，このときの国民所得の値 Y_E が均衡国民所得水準になる．

　いま，図 27－1 に示すように現実の国民所得が均衡水準から左側に離れて Y_1 の水準にあったとしよう．この場合，総需要は総供給を AE_1 分だけ超過している．この状態は図 27－1 で明らかなように，家計の所得の全てを消費に回しており貯蓄がゼロの値を示している．同時に $A'Y_1$ は AE_1 に等しく，投資が貯蓄を上回っており，超過需要の状態になっていることを意味している．このような状態は企業に生産拡大を促進させる．なぜなら，総需要が総供給を上回っているということは，物不足の状態になっていることを意味しているからである．したがって，企業は雇用を増大して生産量を拡大させれば利潤の拡大をはかることができる．

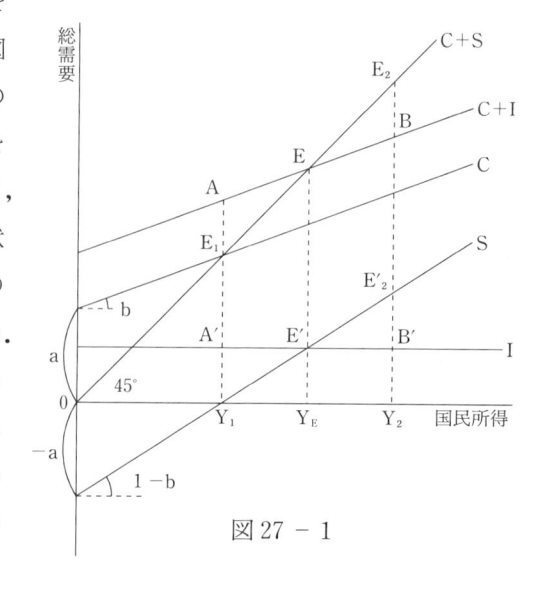

図 27－1

その結果として国民所得は増大するのであるが，それでは国民所得はどこまで増大するであろうか．国民所得が Y_1 から Y_E に近づくにつれて，所得に依存して決まる貯蓄が増大して超過需要は削減されていく．そして，均衡水準 Y_E のところで超過需要は無くなり，企業が生産したものは全て需要された状態になっているのである．すなわち家計の意図した貯蓄と企業の意図した投資がちょうど一致しているのであり，生産に支出した分がちょうど回収された分と等しいのである．そうであれば企業としてはこれ以上生産を拡大する動機もなければ縮小する理由もないのである．

次に，もし現実の国民所得が何らかの事情で均衡水準の右側，すなわち図 27 – 1 の Y_2 にあったとしよう．このとき，総供給 Y_2E_2 は総需要を E_2B だけ超過している．つまり，超過供給の状態になっていることを意味している．したがって E_2B は E'_2B' に等しく，国民所得 Y_2 における総貯蓄は $Y_2E'_2$ であるが Y_2B' は投資によって相殺されているから，E'_2B' は投資を上回る貯蓄の超過分である．この状況は企業にどのような決意をせまるだろうか．いま家計は企業が投資し続けたいと思っている以上のものを貯蓄している．換言すればそれだけ消費が抑制され総需要が不足しているのである．したがって，在庫の発生が危険視され企業は生産縮小に踏み切らざるをえない．いまや生産に支出したものが回収されないからである．どの水準まで生産水準は低下し国民所得が縮小するか．結局家計の求める貯蓄と企業の求める投資とがちょうど釣合う均衡水準までである．このように現実の国民所得が一時的に均衡水準を離れても上述の論理から投資と貯蓄との乖離は是正されて自ずと均衡水準に復帰するのである．

第28講　均衡国民所得の図解

学習日　　月　　日

〔問　題〕
　次の設問について説明しなさい．
(1) 政府部門を考慮した場合の閉鎖経済における国民所得の決定を図解しなさい．
(2) 開放経済を考慮した場合の国民所得の決定を図解しなさい．

〈学習上の留意点〉

　総需要が消費Cと投資Iのみの45度線分析の図解ができて安心している人が多いと思います．しかし，政府部門を考慮した場合，租税（T），政府支出（G）をどの線に加えたら良いのか迷う人がいます．また，開放経済における総需要線は閉鎖経済におけるそれよりも勾配が緩やかであるということを知っている人は非常に少ないです．$Y=C+I+G+X-M$ の式は知っていても，これを図解できる人は少ないので図解できるようにすることにポイントがあります．
(1) 45度線が総供給であることを明確にして下さい．そして，S+T線の勾配が限界消費性向，C+I+G線の勾配が限界貯蓄性向であることを明確にすることにポイントがあります．
(2) X－M線を描き，C+I+G+X－M線の勾配がC+I+G線の勾配よりも緩やかであること，均衡点においてX－M線がゼロになる保証は無い事を把握することにポイントがあります．

〔参考答案例〕
(1) 政府支出は，総生産物に対する需要を形成する．したがって，総需要は家計の消費財(C)の需要と企業の投資財(I)の需要と政府支出(G)の合計としてあらわされるので，「総需要＝消費(C)＋投資(I)＋政府支出(G)」という関係が成り立つ．一方総供給は，国民所得を分配した結果として定義されている．すなわち，分配された国民所得は結局のところ，消費財(C)を購入し，租税(T)として政府に収め，残りを貯蓄(S)するというように処分されるので「総供給＝消費(C)＋貯蓄(S)＋租税(T)」という関係が成り立つ．また，租税(T)は国民所得(Y)の水準とは独立に一定であると仮定すると，可処分所得はY－Tとなり，消費支出Cと可処分所得との関係はC＝a＋b(Y－T)であらわされる．これが一般にケインズ型消費関数と呼ばれるものである．ここで定数aは基礎的消費で，たとえ所得が無い場合でも生命維持のために必要な最低限の消費である．bは限界消費性向で，所得の変化分に対する消費の変化分の比率 $\left(\frac{\Delta C}{\Delta Y}\right)$ であり，C線の勾配をあらわすので，図28－1のように描くことができる．また，S＝Y－C－Tの式に上述のケインズ型消費関数を代入して整理するとS＋T＝(1－b)Y－a＋bTとなる．1－bは限界貯蓄性向であり，S＋T線の勾配になるので図28－1のように描くことができる．限界消費性向＋限界貯蓄性向＝1より，C線とS＋T線を合わせたものが45度線になるので，45度線はつねにY＝C＋S＋T，すなわち総供給線の大きさをあらわしている．

一方投資(I)国民所得の増加に依存しない独立投資であり，政府支出(G)を一定と考えているので図28－1のようにI＋G線は横軸に平行に描くことができる．このことから総需要は，C＋I＋G線で描くことができる．ここでは45度線とC＋I＋G線の交点EおよびS＋T線とI＋G線の交点E′が総需要＝総供給となる点であり，このときの国民所得の値が均衡国民所得水準(Y_E)になる．もし，国民所得がこのY_Eよりも小さく，たとえばY_1の水準にあったとすれば，図28－1より総供給＜総需要(B＜A)となっていることがわかる．この場合は，モノ不足の状態になっていることから，企業は計画の誤りに気づいて生産拡大に乗り出す．反対に，国民所得がY_Eよりも大きく，たとえばY_2の水準にあったとすれば，図28－1より総供給＞総需要(B′＞A′)となっていることがわかる．この場合は，財・サービスの過剰生産を意味するから企業は生産を縮小させる必要がある．そうしなければ在庫が累積したり，サービ

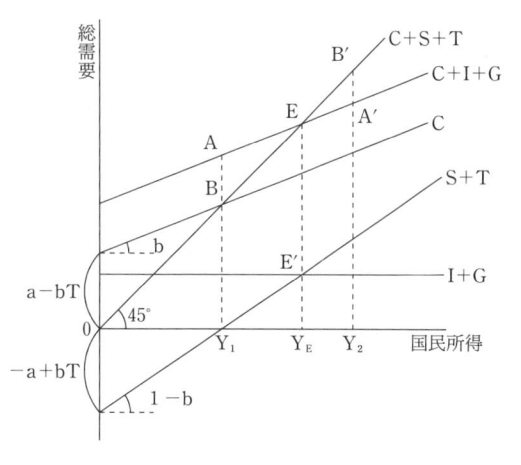

図28－1

ス業などの場合は仕事が無いのに人を雇っておくようなことがおこり，企業利潤が大きく落ち込む危険が発生する．このような過程を通じてE点に到達すると総供給＝総需要となり，安定した1つの国民所得水準が実現することになる．

(2) これまでは，閉鎖経済における均衡国民所得について考えてきた．しかし，開放経済を考慮すると，総需要を構成する要素は，国内消費（C），国内投資（I），政府支出（G），輸出（X）－輸入（M）からなる．これらの合計と，国民経済で生産される財・サービスの総供給（国民所得）Yが一致する水準でマクロ経済の均衡が実現するから，「均衡国民所得の決定条件は，Y＝C＋I＋G＋X－Mとなる．また，消費関数は(1)と同様ケインズ型消費関数を考えており，輸出は投資や政府支出と同様に国民所得から独立であり，輸入は消費や貯蓄と同様に国民所得の増加関数であるので，$X=X_0$，$M=M_0+mY$となる．ここでM_0は基礎的輸入，mは限界輸入性向で所得の変化分 ΔY に対する輸入の変化分 ΔM の比率 $\left(\frac{\Delta M}{\Delta Y}\right)$ をあらわす．いま経常収支を$B=X-M$とすれば，$B=X_0-M_0-mY$，すなわち $B=-mY+X_0-M_0$ となり，B線の勾配は$-m$，切片は$X-M_0$となり，図28-2のように描くことができる．そして，Y＝C＋I＋G＋X－Mの式にケインズ型消費関数と経常収支の式を代入すれば，$C+I+G+X-M=a+bY-bT+I+G+X_0-M_0-mY$，すなわち $C+I+G+X-M=(b-m)Y+a-bT+I+G+X_0-M_0$ となり，勾配は$b-m$となる．これはC＋I＋G線の勾配よりもmだけ緩やかに，切片はX_0-M_0だけ高く描くことができる．国民所得の均衡条件は総供給＝総需要であるから，図28-2の45度線とC＋I＋G－M線の交点E_0に対応するY^*において均衡国民所得が決定される．C＋I＋G＋X－M線とC＋I＋G線の交点E_1に対応するY_1で経常収支は均衡しているが，ここで注意すべきは，このようにして決定される均衡国民所得水準Y^*が必ずしも経常収支を均衡させる国民所得水準Y_1とは一致しないことである．図28-2の例ではY^*Aに相当する赤字が生じている．もちろん$Y^*<Y_1$の場合は，経常収支は黒字になるが，Y^*とY_1が一致する必然性はない．

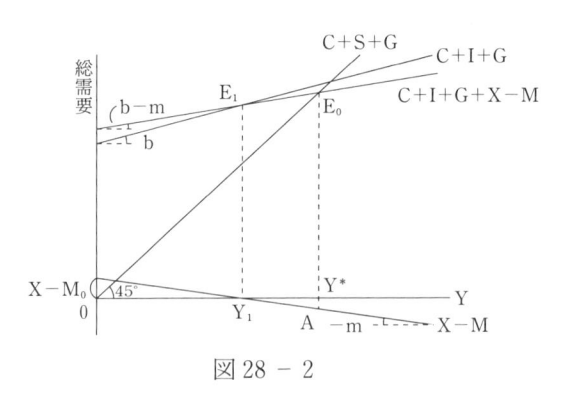

図28-2

第29講　有効需要の原理

学習日　　月　　日

〔問　題〕
　ケインズの有効需要の原理に基づいて，不完全雇用下の雇用均衡について説明しなさい．

〈学習上の留意点〉
　この設問の場合，45度線分析で説明している答案が圧倒的に多いです．しかし，45度線分析は均衡国民所得を説明するもので，雇用均衡についての説明ではありません．また，45度線分析はサムエルソンが考案したもので，ケインズのものではありません．45度線分析で用いた総需要，総供給はケインズの「一般理論」のなかでは，総需要価格，総供給価格になっています．「一般理論」を実際に読んだ人はほとんどいないと思いますので，その内容を紹介すると次のようになります．

　「いまZをN人雇用することから生じる産出物の総供給価格とするならば，ZとNの関係はZ＝Φ(N)と書かれ，これを総供給関数と呼ぶことができる」．「一定の雇用量の産出物の総供給価格Zは，企業者がそれによってそれだけの雇用を提供するにまさに値すると考える売上金額の期待額である」．「同じように，Dを企業者がN人の雇用から受け取ることができると期待する売上金額とするならば，DとNの関係はD＝f(N)と書かれて，それを総需要関数と呼ぶことができる」．

　「雇用量は総需要関数と総供給関数とが相交わる点において決定される．なぜならば，企業者の利潤に対する期待が極大化するのはこの点においてであろうからである．総需要関数が総供給関数と交わる点におけるDの値を有効需要と呼ぶことにしよう」（原書p.25）．

　このように，ZとDは期待に基づく行動が示されていますが，45度線分析はこれが示されていません．この違いを把握することが重要です．なお，最近のテキストではケインズの雇用論を説明しているものが少なくなっていますので，学習ガイダンスの参考書8のテキストのpp.503～515を参照にすると良いです．

第29講　有効需要の原理

〔参考答案例〕

　ケインズは「供給は自らの需要を生み出す」という「セイの法則」を否定し，経済活動を考えるのに大切なのは需要であって，不況期には「需要が供給を生み出す」ということを主張した．このように需要要因を強調する理論を「有効需要の原理」という．

　ケインズによれば，一国経済全体の総需要は消費需要と投資需要から構成される．これは企業の立場からみれば，一定量の雇用から得られるであろうと期待する売上金額で，これを「総需要価格」と呼んだ．そして，消費Cは所得Yの大きさに依存し，所得と消費の間には社会の心理的法則から一定の安定した関係があると考えて，「消費性向」と名づけた．また投資Iは利子率iによって決定されるから，総需要価格Dは次式であらわされる．

　　　$D = C(Y) + I(i)$　……①

ここでいう投資は，その期に生産された資本材の価値からその期に使用された減価償却の価値，すなわち「使用者費用」を差し引いたものである．

　一方，Zは企業が一定量の労働者を雇用するのにちょうど値すると考えられる売上金額の期待値，換言すれば，それだけの雇用量を維持するために最低限必要とされる期待売上高で，それを「総供給価格」と呼んだ．それはまさに社会全体の総所得に等しい．そして，所得は消費されるか貯蓄Sされるかのどちらかであるので，

　　　$Z = C + S$ ……②

となる．

　均衡雇用量の成立条件は，一定量の雇用から生産された生産物の期待される売上金額つまり総需要価格Dと，一定量の雇用を確保するためにぜひとも獲得しなければならない生産物の期待収益つまり総供給価格Zとの均衡によって示される．この場合，①式と②式の消費の大きさは等しいから，

　　　$C + I = C + S$ より $I = S$

となり，これが雇用均衡の成立条件となる．

　ケインズはN人の雇用から生ずる産出物の総供給価格Zの関係を $Z = \phi(N)$ であらわし，これを総供給関数と呼んだ．この関数は，一定の資本ストックのもとで雇用量Nが増加していくと，限界生産力逓減の法則によって総生産が逓減していくので，図29-1のように下側に凸状の右上がりの曲線になる．また総需要価格Dと雇用量Nの間の関係を $D = f(N)$ であら

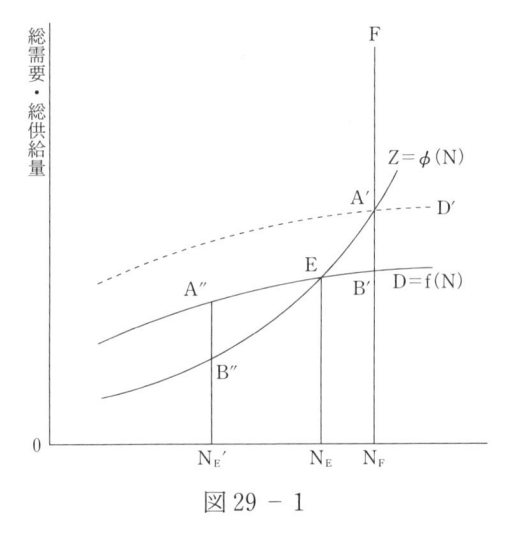

図29-1

わし，これを総需要関数と呼んだ．この関数は，限界消費性向が逓減し投資が独立投資として与えられている場合に，図29－1のように上側に凸状の右上がりの曲線になる．D曲線とZ曲線の交点Eを雇用均衡点といい雇用量は$0N_E$の大きさで決定され，EN_Eを有効需要と呼んでいる．ただし，この均衡雇用量が完全雇用であるとは限らない．

いまここで図29－1に完全雇用線Fを書き入れてみる．現実の経済はE点において雇用均衡に達しているので，$N_F - N_E$分の労働力が失業状態に陥っている．すなわち，A′B′に相当する有効需要が不足しているので，現行の賃金で働きたくても職がなくて失業している「非自発的失業」が発生しているのである．この有効需要の不足を埋めない限り経済は不完全雇用を含んだまま均衡状態を続けていくことになる．また，この有効需要の不足部分は，総供給関数が総需要関数を上回っているので貯蓄が投資を上回っている部分である．したがって，何らかの理由で雇用が瞬間的にN_F点に達しても，いずれN_E点に引き戻される．なぜかといえば，貯蓄超過の状態は生産物の売れ残りつまり在庫が発生するので，生産者は生産規模の縮小を決断し，雇用量の削減をはかるからである．そこに完全雇用を達成するために何らかの裁量的政策が必要とされる根拠がある．一方，A″B″は投資が貯蓄を上回っているのでその分だけ正常以上の利潤が存在することになる．そこで生産者は雇用を増大して生産規模を拡大していき，投資と貯蓄が等しいE点になるまでそれが続く．

しかし，DとZが図のように与えられている限り，雇用量は$0N_E$以上には増加しない．そこで，ケインズは総需要関数を高めるように政府支出の増加や減税を行ない，図のD線がD′のようにA′まで高められるならば完全雇用水準に到達すると主張している．

なお，古典派によれば非自発的失業が存在するときは，実質賃金が低下して自動的に完全雇用に達すると主張しているが，ケインズはこれに対しても否定している．ケインズは労働者は賃金引き下げに強く抵抗するので，賃金が上がらなければ雇用は増大しないと考え「賃金の下方硬直性」を主張した．

第30講　節約のパラドックス

学習日　　月　　日

〔問　題〕
　貯蓄・投資の所得決定理論について貯蓄乗数を使って説明し，節約のパラドックスについて図解しなさい．

〈学習上の留意点〉

　序文で古典派とケインズ理論の違いを明確にして下さい．この設問では貯蓄と投資の均衡図を描いて説明すると簡単ですが，参考答案例のように乗数理論を使って説明することもできます．乗数理論は無限等比級数の公式を使います．もう無限等比級数の公式を忘れた人も多いと思いますが，この公式は次のようになります．

$$初項 \times \frac{1}{1-級数}$$

この公式は第34・35・39講でもでてきますので覚えておくことが望まれます．投資乗数については，ほとんどの人が把握していますが，貯蓄乗数になると知らない人の方が多いのでこの機会に把握しておいて下さい．

　節約のパラドックスの場合は第27講とセットで覚える勉強の仕方もあります．この理論は不況のときに適用されますが，第42講のように不況に関する問題のときにつけ加えておくと答案が生きてきます．

　なお，ケインズは「ひとびとが余計に貯蓄しようとすると，その結果は必ずしも国民全体にとっての貯蓄の増加を意味するとは限らない」ということを指摘しました．このことを図解したのがサムエルソンです．サムエルソン著『経済学 I』都留重人訳　岩波書店　1992年のp.177では，「不完全雇用の経済では各所得水準での消費を減らそうとすると，貯蓄表を上方へ移動させることになる」とし，参考答案例のように平行にシフトしていますがS線の勾配には触れていません．しかし，第27, 28講で勉強したように，S線の勾配は限界貯蓄性向になっていますので，貯蓄が増加することは，限界貯蓄性

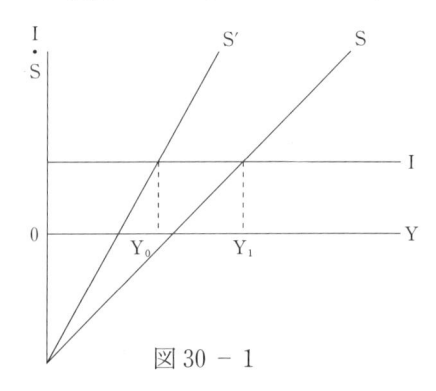

図30－1

向が大きくなるので勾配は急になり，図30－1のように描くこともできますので，2通りの図解を頭に入れておいて下さい．

〔参考答案例〕

　古典派経済学においては「投資」と「貯蓄」の関係を通じて決定されるのは「利子率」であると考えられていた．というのは，投資は資本に対する「需要」をあらわし，貯蓄は資本の「供給」に他ならなかったからである．したがって，需要（投資）が供給（貯蓄）を超過すれば，資本の価格（利子率）は上昇し，供給が需要を超過すれば資本の価格は下落する．そこで，安定的な均衡利子率は投資と貯蓄が均衡する点に決定されると考えた．このような理論を「貯蓄・投資の利子率決定理論」という．

　この理論に対してケインズは，利子率は人々が資産を現金または債券のような流動的形態で保有しようとするかどうかの欲求の度合いによって決定されるという「流動性選好説」を打ち出し，投資と貯蓄は利子率ではなく「国民所得」を決定するということを主張した．ケインズの理論にしたがえば，均衡国民所得は総需要と総供給が等しいところで決定されるというものである．総需要は，家計の消費財（C）への需要と企業の投資財（I）への需要の合計としてあらわせるので総需要＝C＋I という関係が成り立つ．一方総供給は，国民総生産を分配した結果として定義され，分配された所得は結局のところ消費（C）されるか貯蓄（S）されるので，「総供給＝C＋S という関係が成り立つので，S＝I という貯蓄・投資の恒等関係が導き出される．

　この関係を「乗数理論」によって説明してみよう．いま「限界消費性向」を単純化のために $\frac{3}{4}$，投資増加を 100 億円としよう．この場合，貯蓄はどのくらい増加するであろうか．第1期に 100 億円の所得が生み出され，その $\frac{1}{4}$ が貯蓄される．第2期には 100 億円× $\frac{3}{4}$ の所得が生み出されてその $\frac{1}{4}$ が貯蓄される．結局この過程が繰り返されると，貯蓄の合計は次のようになる．

$$100\text{億円} \times \frac{1}{4} + \left(100\text{億円} \times \frac{3}{4}\right) \times \frac{1}{4} + 100\text{億円} \times \left(\frac{3}{4}\right)^2 \times + \cdots\cdots$$

$$= \frac{1}{4}\left\{100\text{億円} + 100\text{億円} \times \frac{3}{4} + 100\text{億円} \times \left(\frac{3}{4}\right)^2 + \cdots\cdots\right\}$$

$$= \frac{1}{4}\left\{100\text{億円} \times \frac{1}{1-\frac{3}{4}}\right\} = \frac{1}{4} \times 400\text{億円} = 100\text{億円}$$

すなわち，貯蓄の増加分は必ず最初の投資の増加分に等しい．したがって，両者の間には「貯蓄・投資の恒等」という関係が成立し，国民所得は投資と貯蓄が均衡する点で決定されるのである．ケインズのこの新しい主張は「貯蓄・投資の所得決定理論」と呼ばれた．

　この理論を図によって確認しよう．図 30-1 は縦軸に貯蓄および投資の額，横軸に国民所得をとる．貯蓄曲線は国民所得の大きさに依存するから右上り曲線として描かれる．一方投資は「独立投資」である．独立投資とは，国民所得の大きさとは別個に独立した要因によって決定される投資である．そこで，国民所得の大きさにかかわりなく投資額は一定という意味で，

投資曲線は横軸に平行に引くことができる．国民所得は貯蓄と投資が均衡しているところで決定されるので均衡点はE点である．したがって，国民所得はE点から垂線を下ろした $0\,Y_e$ の大きさに決定される．

一般に節約（貯蓄）は美徳といわれている．そこでいま貯蓄が上昇したとしよう．この場合 SS 曲線は S'S' 曲線へ上方に平行移動し，均衡点は E から E' へと投資曲線上左側へ移動する．この移動は明らかに国民所得が Y_e から Y_e' へと ΔY 分だけ減少したことになる．このように貯蓄が増加したことによって国民所得が減少することを「節約のパラドックス」と呼んでいる．しかし，ここで注意しなければいけないのは，この論理は不完全雇用が長期にわたって続いているような社会において適用されるということである．すなわち，経済不況が長引いて大量失業が発生し，過剰生産設備が存在して有効需要が不足しているような状態においてこの種の逆説が適用されるのである．なぜなら深刻な経済不況において，もし各家庭の貯蓄が上昇すればその分各家庭の消費支出が削減され，ますます購買力の不足が顕著になり国民所得はより低水準へと押しやられてしまうからである．したがって，このような経済状態においてはまさに貯蓄は悪徳になるのである．この場合必要とされる対策は，ケインズ流の有効需要政策である．

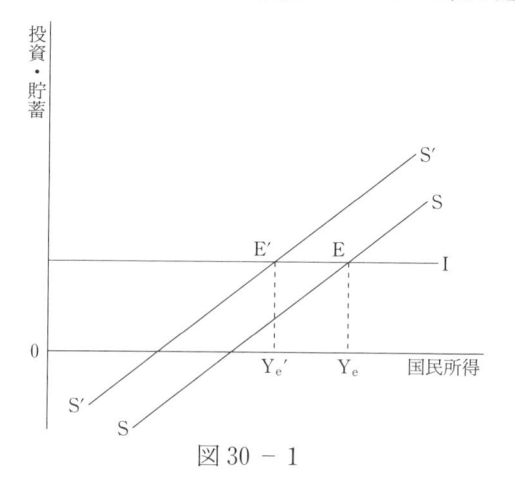

図 30 − 1

第31講　インフレ・ギャップとデフレ・ギャップ

学習日　　月　　日

〔問　題〕
　次の設問について説明しなさい．なお問題を単純化するため政府部門を考慮した閉鎖経済とする．
(1) インフレ・ギャップとデフレ・ギャップを図解しなさい．
(2) インフレーションおよびデフレーション対策としての財政政策として政府支出乗数と租税乗数を導出しなさい．
(3) 均衡予算乗数について説明しなさい．

〈学習上の留意点〉

　ここでは45度線図の描き方を説明している答案は非常に少ないです．テキストでは45度線図は与えられたものとして説明していますが，問題では与えられていませんので45度線の描き方を説明してから，インフレ・ギャップとデフレ・ギャップの定義を明確にして図解するという順序でまとめて下さい．そして，インフレーションおよびデフレーションの弊害を明示してから，財政政策の手段を乗数理論を使って説明することにポイントがあります．

　設問の仕方によって「補整的財政政策について説明しなさい」，「総需要管理政策としての財政政策について説明しなさい」という問題で出題される場合があります．この他に「機能的財政政策」，「積極的財政政策」，「フィスカル・ポリシィー」といった問題もあります．これらは同じもので，インフレ・ギャップ，デフレ・ギャップを図解しながら，政府支出乗数と租税乗数を把握して説明すればよいです．「設問の仕方が違ったからできなかった」ということがないようにして下さい．いずれにせよ，財政政策に関連する問題は非常にたくさんありますので，このような基本的な課題は必ず把握して下さい．

〔参考答案例〕

(1) ケインズ理論にしたがえば，総需要は家計の消費財（C）の需要と企業の投資財（I）の需要と政府支出（G）の合計としてあらわされるので，「総需要＝消費（C）＋投資（I）＋政府支出（G）」という関係が成り立つ．一方総供給は，国民所得を分配した結果として定義されているので，分配された国民所得は結局のところ，消費財（C）を購入し，租税（T）として政府に収め，残りを貯蓄（S）するというように処分されるので「総供給＝消費（C）＋貯蓄（S）＋租税（T）」という関係が成り立つ．消費はケインズ型消費関数を考えているので，$C=a+b(Y-T)$ であらわされる．ここで定数 a は基礎的消費で，たとえ所得が無い場合でも生命維持のために必要な最低限の消費である．b は限界消費性向で C 線の勾配をあらわす．また，貯蓄は $S=Y-C-T$ であるので，この式に上述の消費関数の式を代入して整理すると，$S+T=(1-b)Y-a+bT$ となる．$1-b$ は限界貯蓄性向で，S＋T 線の勾配をあらわす．限界消費性向＋限界貯蓄性向＝1 より，C 線と S＋T 線を合わせたものが 45 度線になるので，45 度線はつねに $Y=C+S+T$ すなわち総供給線の大きさをあらわしている．

一方，投資（I：独立投資），政府支出（G）は一定と考えているので，総需要は限界消費性向 b の勾配で図 31 - 1 のように C＋I＋G 線で描くことができる．ここでは 45 度線と C＋I＋G 線の交点 E が総需要＝総供給となる点であり，このときの国民所得の値 Y_F が均衡国民所得水準になるが，ここで Y_F を完全雇用国民所得水準とする．

しかし，生産物市場は需要と供給が一致しているのに，労働市場では需要と供給が一致していない場合がある．つまり，図 31 - 1 でいえば Y_1 の国民所得は完全雇用水準（Y_F）よりも低いところで決定しており，Y_1 の所得水準では現行の賃金で働きたいと思う人が雇用されていないので「非自発的失業」が発生している．この Y_1 と Y_F の総需要の差，すなわち EA を「デフレ・ギャップ」という．反対に，国民所得 Y_2 が完全雇用水準（Y_f）を上回っている場合には，完全雇用というボトルネックに達してしまっているので，実質国民所得は Y_F 以上にはふえることはできない．したがって物価の上昇によって調整が行なわれていると考えられ，この Y_2 と Y_F の総需要の差，すなわち BE を「インフレ・ギャップ」という．

(2) インフレーションは，所得分配の不平等をもたらし，資源の最適配分を阻害する等の弊害があり，デフレーションは非自発的失業の発生，国民所得の減少等の弊害がある．そこで，政府は総需要管理政策によってこれらの弊害を無くすことが必要になる．

均衡国民所得の決定条件は，$Y=C+I+G$ ……①

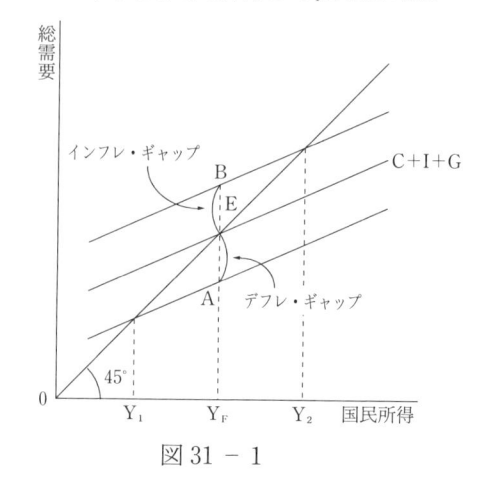

図 31 - 1

であらわされる．消費はケインズ型消費関数を考えているので，$C=a+b(Y-T)$ ……②となる．ここで②式を①式に代入して Y について整理すれば，均衡国民所得の条件式は，$Y=\frac{1}{1-b}(a-bT+I+G)$ ……③のように求められる．いま不況のとき政府支出を ΔG 増加すれば国民所得 Y′ は，$Y'=\frac{1}{1-b}(a-bT+I+G+\Delta G)$ ……④となり，国民所得の変化分 ΔY は④式から③式を差し引くことによって求められるので，$\Delta Y=\frac{1}{1-b}\Delta G$ となる．すなわち，政府支出の増加分 ΔG と国民所得の増加分 ΔY の間には $\frac{1}{1-b}$ という「乗数公式」が成り立ち，これを「政府支出乗数」と呼んでおり，政府支出を増加させることによって国民所得を $\frac{1}{1-b}$ 倍増加させることができる．

一方，ΔT の減税をした場合の国民所得を Y″ とすれば，$Y''=\frac{1}{1-b}\{a-b(T+\Delta T)+I+G\}$ ……⑤となり，国民所得の変加分 ΔY は⑤式から③式を差し引くことによって求められるので，$\Delta Y=-\frac{b}{1-b}\Delta T$ となる．すなわち，租税の変化分 ΔT と国民所得の変化分 ΔY の間には $\frac{b}{1-b}$ という「乗数公式」が成り立ち，これを「租税乗数」と呼んでおり，減税（$\Delta T<0$）することによって国民所得は $\frac{b}{1-b}$ 倍増加する．インフレのときは，政府支出を削減し，増税することによって各々の乗数倍の国民所得が減少する．

(3) 以上のように，経済が不況・インフレのときに政府が総需要管理政策を行うことは有効であるといえる．しかし，わが国において最近は国債の累積残高が400兆円を越えており，赤字財政に対する批判が高まっている．そこで政府支出を増加させるための財源として増税（たとえば消費税を引き上げる）を行なった場合には景気に対してどのような効果があるだろうか．すでに説明したように政府支出を増加することによって $\frac{1}{1-b}$ 倍の国民所得の増加がみられるが，政府支出の増加分だけ増税を行なった場合には $\frac{b}{1-b}$ 倍の国民所得が減少する．したがって，予算を均衡したまま政府支出を増加させた場合の景気に与える効果は，$\Delta Y=\frac{1}{1-b}-\frac{b}{1-b}=1$ となる．つまり，政府支出の財源を増税で賄った場合の乗数は1となり，この結果を「均衡予算乗数」と呼んでいるが，国民所得は政府支出分だけではあるが増加するので，この場合も総需要管理政策は有効である．

第32講　開放経済における乗数理論

学習日　　月　　日

〔問　題〕
次の設問について説明しなさい（ここでは限界税率は考慮しない）．
(1) 開放経済における政府支出乗数，租税乗数，外国貿易乗数について説明しなさい．
(2) 輸出が増加した場合と輸出を一定にして内需拡大策を行なった場合，貿易収支がどのようになるかを政府支出乗数と外国貿易乗数を使って説明しなさい．

〈学習上の留意点〉

(1) 第31講のように閉鎖経済における政府支出乗数と租税乗数は導出できるのですが，開放経済における外国貿易乗数を導出できる人は半分くらいになります．ケインズ型消費関数と限界輸入性向の概念をしっかりと把握することが大切です．政府支出乗数は ΔG を操作するもので，外国貿易乗数は ΔX を操作するということを確認して下さい．

(2) この問題を第26講のI・Sバランス式から説明している人もいるかと思いますが，この式は国民経済計算において民間セクターにおける貯蓄超過は，財政赤字と経常収支黒字の和に等しいことを説明するもので，設問の外国貿易乗数とは関係ありません．日本がG7やアメリカから内需拡大策を要求されている背景について把握することにポイントがあります．

政府支出乗数，租税乗数，外国貿易乗数の結論のみを書く人がいますが，各々の導出過程を丁寧に説明することが大切です．政府支出乗数と外国貿易乗数は乗数の値は同じですが，輸出を増加させた場合と，内需拡大策を行なった場合では貿易収支の値が異なることを把握することにポイントがあります．

〔参考答案例〕

(1) 開放経済を考慮すると，総需要を構成する要素は，国内消費（C），国内投資（I），政府支出（G），輸出（X）－輸入（M）からなる．これらの合計と，国民経済で生産される財・サービスの総供給（国民所得）Yが一致する水準でマクロ経済の均衡が実現するから，均衡国民所得の決定条件は，$Y=C+I+G+X-M$ ……①となる．また，消費関数はケインズ型消費関数を考えているので，$C=a+b(Y-T)$ ……②となる．また，輸出は投資や政府支出と同様に国民所得から独立であり，輸入は消費や貯蓄と同様に国民所得の増加関数であるので，$X=X_0$ ……③ $M=M_0+mY$ ……④となる．ここで M_0 は独立輸入で日本人が生活するための必要最低限の輸入である．m は限界輸入性向で所得の変化分 ΔY に対する輸入の変化分 ΔM の比率 $\left(\frac{\Delta M}{\Delta Y}\right)$ をあらわす．いま，②，③，④式を①式に代入して Y について整理すれば，均衡国民所得は，

$$Y=\frac{1}{1-b+m}(a-bT+I+G+X_0-M_0) \quad ……⑤$$

となる．いま，投資と輸出を一定として内需拡大策のために政府支出を ΔG 増加すれば国民所得 Y' は

$$Y'=\frac{1}{1-b+m}(a-bT+I+G+\Delta G+X_0-M_0) \quad ……⑥$$

国民所得の増加分 ΔY は⑥式から⑤式を引くことによって求められるので，$\Delta Y=\frac{1}{1-b+m}\Delta G$ となる．すなわち，政府支出の増加分 ΔG と国民所得の増加分 ΔY の間には $\frac{1}{1-b+m}$ という「乗数公式」が成り立ち，これを「政府支出乗数」と呼んでいる．

一方，政府支出を一定として租税が ΔT 変化した場合の国民所得を Y'' とすれば，

$$Y''=\frac{1}{1-b+m}\{a-b(T+\Delta T)+I+G+X_0-M_0\} \quad ……⑦$$

となり，国民所得の変化分 ΔY は⑦式から⑤式を引くことによって求められるので，$\Delta Y=-\frac{b}{1-b+m}\Delta T$ となる．すなわち，租税の変化分 ΔT と国民所得の変化分 ΔY の間には $\frac{b}{1-b+m}$ という「乗数公式」が成り立ち，これを「租税乗数」と呼んでいる．

いま，輸出 X に自発的変化がみられ，その増加分を ΔX とすれば国民所得 Y'' は，

$$Y''=\frac{1}{1-b+m}(a-bT+I+G+X_0+\Delta X-M_0) \quad ……⑧$$

となり，国民所得の増加分 ΔY は⑧式から⑤式を引くことによって求められるので，$\Delta Y=\frac{1}{1-b+m}\Delta X$ となる．すなわち，輸出の増加分 ΔX と国民所得の増加分 ΔY の間には，$\frac{1}{1-b+m}$ という「乗数公式」が成り立ち，これを「外国貿易乗数」と呼んでいる．

(2) このように，政府支出が増加しても輸出が増加しても国民所得は（1－限界消費性向＋限界輸入性向）の逆数倍だけ増加し，国民所得に与える影響は同じである．しかし，国民所得に与え

る影響は同じであっても,貿易収支に与える影響は大いに違ってくる.

いま,輸出が増加した場合について考えてみよう.貿易収支（B）は輸出（X）－輸入（M）であるから貿易収支の変化分（ΔB）をあらわすと,ΔB＝ΔX－ΔM となる.輸入は④式より $M=M_0+mY$ であるから,輸入の誘発的増加は $\Delta M=m\Delta Y$ であり,右辺の ΔY に外国貿易乗数の公式を代入すると,$\Delta M=\dfrac{m}{1-b+m}\Delta X$ となり,貿易収支（ΔB）は,

$$\Delta X - \Delta M = \Delta X - \frac{m}{1-b+m}\Delta X = \left(1 - \frac{m}{1-b+m}\right)\Delta X$$

∴ $\Delta B = \dfrac{1-b}{1-b+m}\Delta X$ の大きさだけ黒字になる.

次に,政府支出が増加し輸出が一定の場合を考えてみよう.政府支出が増加すれば国民所得が増加する.輸入は国民所得の増加関数であるから,それに伴う輸入増加は $\Delta M=m\Delta Y$ であり,右辺の ΔY に政府支出乗数の公式を代入すると,$\Delta M=\dfrac{m}{1-b+m}\Delta G$ となる.この場合,輸出は一定であるので,$\Delta X=0$ となり,貿易収支（ΔB）は,

$$\Delta X - \Delta M = 0 - \frac{m}{1-b+m}\Delta G$$

∴ $\Delta B = -\dfrac{m}{1-b+m}\Delta G$ の大きさだけ赤字になる.

このように,政府が内需拡大策を実施することによって国民所得は増加し,それに伴って輸入が増加して貿易収支が改善するのである.日本は近年大幅な経常収支の黒字を続けており,Ｇ７やアメリカから日本に対して内需拡大策が要請されているのは,このような理論的根拠に基づいたものである.しかし,現実にどれだけ貿易収支に影響を与えるかは限界輸入性向の大きさにかかっているといえる.もし限界輸入性向が高い場合には,政府の内需拡大策は輸入促進に大いに効果をもつが,今日の日本経済はとみに輸入依存度を低めているので,貿易収支の改善に与える効果はそれほど大きいとはいえない.

第33講　ビルト・イン・スタビライザー

学習日　　月　　日

〔問　題〕
次の設問について説明しなさい．
(1) 海外部門を捨象し，限界税率を考慮した場合の政府支出乗数と租税乗数について説明しなさい．
(2) 上式を使ってビルト・イン・スタビライザーについて説明しなさい．

〈学習上の留意点〉

　一般的な乗数理論は第32・33講で説明しましたが，限界税率を考慮した場合の政府支出乗数と租税乗数について説明できる人は意外に少ないです．設問は海外部門を捨象したケースですが，海外部門を考慮した場合の政府支出乗数は $\Delta Y = \dfrac{1}{1-b(1-t)+m}\Delta G$ となります．すなわち，政府支出の増加分 ΔG と国民所得の増加分 ΔY の間には $\dfrac{1}{1-b(1-t)+m}$ という「乗数公式」が成り立ち，これを「政府支出乗数」と呼んでいます．同様に租税乗数は $\Delta Y = -\dfrac{1}{1-b(1-t)+m}\Delta T$ となります．すなわち，租税の変化分 ΔT と国民所得の増加分 ΔY の間には，$\dfrac{1}{1-b(1-t)+m}$ という「乗数公式」が成り立ち，これを「租税乗数」と呼んでいます．

　限界税率を考慮した乗数効果からビルト・イン・スタビライザーを説明できる人は少ないので，この機会に説明できるようにして下さい．ビルト・イン・スタビライザーが重要な意義をもつことは認めなければなりませんが，深刻な不況や激しいインフレーションに対して，ビルト・イン・スタビライザーのみでは対抗することはできなく，裁量的財政政策に頼らざるをえません．ビルト・イン・スタビライザーは完全に景気変動を吸収するものではなく，裁量的財政政策を補完するものであるといえます．

〔参考答案例〕

　海外部門を捨象した場合の総需要は，民間消費（C）と民間投資（I）及び政府支出（G）から構成されるので，「均衡国民所得の決定条件」は，$Y=C+I+G$……①であらわされる．実際は租税の多くのものは，税率が決められていて所得や売上げ数量に比例して収入額は変動する性質を持っている．現実に日本の税率は累進課税が採用されているので，所得の変化分（ΔY）に対する税収入の変化分（ΔT）の比率 $\left(\frac{\Delta T}{\Delta Y}\right)$ である限界税率を t とすると，租税関数は $T+tY$ となる．ここで T は独立的税収である．このとき可処分所得は，$Y-(T-tY)=(1-t)Y-T$ とあらわせるから，消費関数は，$C=a+b\{(1-t)Y-T\}$……②であらわされる．ここで定数 a は基礎的消費で，たとえ所得が無い場合でも生命維持のために最低限消費される額である．また b は限界消費性向で所得の変化分（ΔY）に対する消費の変化分（ΔC）の比率 $\left(\frac{\Delta C}{\Delta Y}\right)$ をあらわす．ここで②式を①式に代入して Y について整理すれば均衡国民所得は，$Y=\frac{1}{1-b(1-t)}(a-bT+I+G)$……③となる．

　いま政府支出に自発的変化がみられ，その変化分を ΔG とすれば国民所得 Y' は，$Y'=\frac{1}{1-b(1-t)}(a-bT+I+G+\Delta G)$……④となり，国民所得の変加分 ΔY は④式から③式を差し引くことによって求められるので，$\Delta Y=\frac{1}{1-b(1-t)}\Delta G$ となる．すなわち，政府支出の変化分 ΔG と国民所得の変化分 ΔY の間には，$\frac{1}{1-b(1-t)}$ という「乗数公式」が成り立ち，これを「政府支出乗数」と呼んでいる．

　いま租税に自発的変化がみられ，その変化分を ΔT とすれば国民所得 Y'' は，$Y''=\frac{1}{1-b(1-t)}\{a-b(T+\Delta T)+I+G\}$……⑤となり，国民所得の変化分 ΔY は⑤式から③式を差し引くことによって求められるので，$\Delta Y=-\frac{1}{1-b(1-t)}\Delta T$ となる．すなわち，租税の変化分 ΔT と国民所得の変化分 ΔY の間には $\frac{1}{1-b(1-t)}$ という「乗数公式」が成り立ち，これを「租税乗数」と呼んでいる．

　以上のような「乗数公式」により，経済が不況のときには政府支出を増加させたり減税を行なうことによって，各々の乗数倍の国民所得を増加させることができるので，総需要管理政策としての財政政策は有効であるといえる．ただし，景気対策として政府支出の増加と減税のどちらか一方を選択しなければならないときは，政府支出乗数のほうが租税乗数よりも大きい $\left(\frac{1}{1-b(1-t)}>\frac{b}{1-b(1-t)}\right)$ ので政府支出の増加を選択したほうが良いといえる．

(2)　ビルト・イン・スタビライザーとは，財政収支それ自体が所得水準の変動により影響を受け，それにより財政が景気変動を自動的に安定するように機能する理論である．景気上昇期には，所得税や法人税等の税収全体の増加が目立つが，政府支出の面では失業手当等の移転支出が低下する傾向が見られ，予算全体が黒字化の方向に向かう．これに対して景気下降期には税

入全体の低下が目立つが，政府支出の面では逆に失業手当等の移転支出が増大する傾向がみられ，予算全体としては赤字の方向に向かうのである．このような財政感受性は，予算構造をなんら変更すること無くしても観察することができ，予算それ自体のなかに構造的に組み込まれた伸縮性が作用するのである．すなわち，制度的に固定化された予算構造のもとでは，景気上昇期には自動的に黒字予算を組んだことになり，景気下降期には自動的に赤字予算を組んだことになるのである．

　ここで，(1)の乗数効果を使ってビルト・イン・スタビライザーの効果について検討してみよう．いま，租税が国民所得の変化に組み込まれていない定額税の場合には，民間投資による乗数効果は，$\Delta Y_0 = \frac{1}{1-b} \Delta I$ である．これに対して限界税率 t を考慮しした場合の乗数効果は，$\Delta Y_t = \frac{1}{1-b(1-t)} \Delta I$ である．したがって，税収入が国民所得の変動と共に変化する場合と変化しない場合を比較することによって，国民所得の変動がどのくらい自動的に緩和するかを把握することができる．この自動安定化の程度 β は，$\beta = \frac{\Delta Y_0 - \Delta Y_t}{\Delta Y_0}$ で測ることができる．すなわち，

$$\beta = \frac{\left(\frac{1}{1-b}\right) \Delta I - \left(\frac{1}{1-b(1-t)}\right) \Delta I}{\left(\frac{1}{1-b}\right) \Delta I} = \frac{bt}{1-b(1-t)}$$

が得られる．ここで，b=0.8，t=0.2 とすれば β=0.44 となり，国民所得の変動を 44％ 安定させるのに役立つ．

第34講　投資の理論

学習日　　月　　日

〔問　題〕
次の設問について説明しなさい．
(1) ケインズの投資の限界効率について説明しなさい．
(2) 加速度原理について説明しなさい．
(3) トービンのq理論について説明しなさい．

〈学習上の留意点〉
　マクロ経済学のなかで最初の壁に当たるのが，「投資の限界効率」についての勉強です．長い数式があるためにこれをみてあきらめる人や，内容を読んでもなかなか理解できない人がたくさんいます．理解できないのは自分だけではなかったと思えば気持ちも楽になると思いますが，できなかった人はこの機会に完全に説明できるようにして下さい．投資の限界効率はほとんどのテキストでは投資財の耐用年数をn年と長い期間を想定していますが，これを1年と考えれば理解しやすいです．

　投資の限界効率とは，「投資財の購入によってその耐用年数を通じて得られると予想される収益（R）の合計を現在の価値に直して，それがちょうど投資財の費用（C）に等しくなるような収益率（p）と定義され，$C = \dfrac{R}{1+p}$であらわされます．ここではあくまでも予想収益ですので，予想収益（p）と現在購入した投資財の費用（C）を比較しても意味がありません．そこで，予想収益を現在の価値に直したものを現在割引価値（V）といい，通常は現在の市場利子率（i）で割るので，$V = \dfrac{R}{1+i}$になります．当然市場利子率は年によって違いますが，それを一定と考えます．そして，耐用年数がn年のときは，無限等比級数の公式を使って$C \fallingdotseq \dfrac{R}{p}$，$V \fallingdotseq \dfrac{R}{i}$を導き，pとiを比較すると理解できると思います．

　投資理論ではケインズの投資の限界効率を把握して安心している人がたくさんいますが，加速度原理，トービンのq理論も合わせて説明することが必要です．特にトービンのq理論は株式市場での企業評価と投資行動を結びつけたもので，従来の投資理論にはみられなかったものですので理解しておくことが必要です．

〔参考答案例〕

(1) 企業が新規の投資を行なうかどうかは，その投資からもたらされる収益によって決定される．企業は設備投資からの予想収益と投資費用とを計算し，予想収益の方が費用よりも大きければ投資を行ない，小さければ投資を行なわないと考える．

いま，n 年間にわたって収益を生む投資プロジェクトがあるとする．そして，そのプロジェクトから 1 年後より n 年後までの予想収益を $R_1, R_2 \cdots R_n$ とあらわす．利子率を将来にわたって一定で i とすると，各年の予想収益の割引現在価値の総和は，

$$V = \frac{R_1}{1+i} + \frac{R_2}{(1+i)^2} + \cdots + \frac{R_n}{(1+i)^n} \fallingdotseq \frac{R}{i}$$

となる．ここで投資にかかる費用を C とすると，企業はプロジェクトの実行により，V＞C の場合，利潤を得るので投資を行なう．一方 V＜C の場合，損失を被ることになるので投資を行なわない．

このような投資決定の仕方を「投資の限界効率」の概念を用いて説明すると以下のようになる．投資の限界効率とは，投資による予想収益の割引現在価値の合計を投資費用に等しくするような割引率のことである．つまり，

$$C = \frac{R_1}{1+m} + \frac{R_2}{(1+m)^2} + \cdots + \frac{R_n}{(1+m)^n} \fallingdotseq \frac{R}{m}$$

の関係を成立させる割引率 p を投資の限界効率という．

上記の 2 つの関係式を比較検討すれば，V＞C は i＜m，V＜C は i＞m に一致する．つまり，投資の限界効率が利子率よりも大きければ投資を行ない，投資の限界効率が利子率よりも小さければ投資を行なわない．

さて，企業はさまざまな投資プロジェクトをもっており，このようなさまざまな投資プロジェクトは経済全体では無数に存在する．そこで，これらの投資プロジェクトを，投資に伴う予想収益率の高い順に左から並べていくと，図 34-1 のように右下がりの曲線が得られる．この曲線を投資の限界効率表と呼ぶ．ここで，販売予想の好転や技術革新の実現によって投資予想収益が高まれば（強気），投資の限界効率表は右にシフトし，将来予想収益が悪化すると判断した場合（弱気）には投資の限界効率表は左にシフトする．

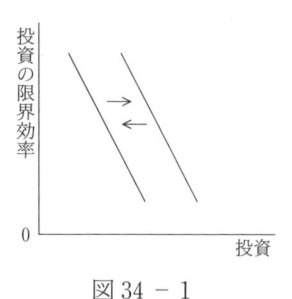

図 34-1

企業は，投資の限界効率が利子率に比較して大きければ投資（I）を行なう．それゆえ，投資の限界効率表は各利子率水準に対応する投資支出の大きさをあらわしていると考えられるから，これを投資関数と考えることができる．これを式であらわすと，I＝I(i) となり，投資は利子率の減少関数であるため，$\frac{\Delta I}{\Delta i} < 0$ となる．

(2) 加速度原理とは，投資は生産量の増加に比例して決定されるという考え方である．これは資本ストック K と生産量 Y との間にある一定の関係が存在するという考え方を基礎にしてい

る．つまり，t期の資本ストック K_t と生産量 Y_t の関係は，$K_t=vY_t$ ……①の式によってあらわすことができる．ここで v は資本係数と呼ばれる比例定数である．

この場合，生産量が増加すると，これに応じて必要な資本ストックも同じ割合だけ増加することになる．これを式で示すために①式から t−1 期の関係式を引くと，$K_t-K_{t-1}=v(Y_t-Y_{t-1})$ となる．K_t-K_{t-1} は資本ストックの変化分，すなわち t 期の投資 I_t になるので，$I=v(Y_t-Y_{t-1})$ とあらわすことができる．Y_t-Y_{t-1} は生産量の変化分である．つまり，投資支出は生産量の変化分に比例して決定されるのである．

しかし，加速度原理には次のような問題点がある．第1に「固定資本係数」の仮定で，実際には生産要素の相対価格の変化や技術革新の進展により，最適な生産方法は変わり，それに応じて必要資本係数にも変化が生じる．第2に「資本の不可逆性」の問題で，生産量が減少する場合に企業は資本設備を取り外して純資本をマイナスにすることはないので，不況期には妥当しない．第3に「資本ストックの調整速度」で毎期毎期実際の資本ストックが瞬時に達成されるとは考えにくい．この問題点を改善したのが「ストック調整原理」である．ストック調整原理は今期望ましいとされる最適資本ストック K_t^* と前期末の実際の資本ストック K_{t-1} の差，$K_t^*-K_{t-1}$ がすべて実現されるとは考えず，その一部だけが今期実現されると考えるものである．つまり，今期の投資 I_t は，$I_t=\beta(K_t^*-K_{t-1})$ となる．β は今期の投資として実現される割合をあらわしており，「伸縮的アクセラレーター」と呼んでいる．β は通常 0 と 1 の間をとるものとされているが，このことは資本ストックが各期各期 100％ 望ましい水準に調整されるものではなく，その一部のみが調整されることを示している．

(3) トービン q とは，企業の資本価値と現存資本を買い換える費用総額との比率のことである．つまり，$q=\dfrac{\text{企業の市場価値}}{\text{現存資本を買い換える費用総額}}$ である．ここで，企業の市場価格とは，「1株当たりの株価に発行株数を乗じたもの」であり，分母の現存資本を買い換える費用総額とは，「いまこの企業が保有している資本ストックを全て新たに買い換えた場合の費用の総額」である．この場合，q が 1 よりも大きいならば資本ストックの価値よりも企業の市場価値のほうが大きく，これは市場が資本ストックの価値以上に企業を評価していることになる．そのため，追加的な投資から投資費用以上の収益が期待されるために企業は投資を行なう．逆に q が 1 よりも小さいならば，追加的な投資から投資費用以下の収益が期待されるために，企業が保有している資本ストックを削減することによって損失を減らす．つまり，企業は投資を行なわない．

第35講　流動性選好説

学習日　　月　　日

〔問　題〕
　ケインズの流動性選好説について説明しなさい．

〈学習上の留意点〉

　古典派は貨幣需要として国民所得に依存する部分（取引動機，予備的動機）のみを考え，利子を現在の消費を節約することに対する報酬と考えました．ケインズは貨幣需要としてこの他に投機的動機を考え，利子は貨幣を貯蓄することによって得られるものでなく，流動性を手放すことによって得られる報酬と考え，流動性選好説を唱えました．

　流動性選好説では，投機的動機における債券価格と利子率との関係は重要です．いま債券価格を100円，確定利子率を5％とした場合，5円の収益（a）を受け取ることができます．確定利子率は債券が償還されるまで変わりませんが，市場利子率（i）はその時の経済情勢によって変化します．債券価格（B）と市場利子率の関係は $B=\dfrac{a}{i}$ であらわされますので，市場利子率を確定利子率と同じ5％とした場合，債券価格は $\dfrac{5}{0.05}=100$ 円になります．いま市場利子率が4％に下がった場合には $\dfrac{5}{0.04}=125$ 円になり，8％に上がった場合には $\dfrac{5}{0.08}=62.5$ 円になります．すなわち，利子率が下がれば債券価格が125円になり，この価格が上限ないしは上限近くにあって，今後値下がりの可能性が強くキャピタル・ロス（損失）が大きくなると予想される場合には，債券を手放して代わりに貨幣を保有しようとする動きが強まり，貨幣の需要が大きくなります．反対の場合には逆の事がおこります．このことから，

　　　利子率が低い＝債券価格が高い＝貨幣需要が大きい

　　　利子率が高い＝債券価格が低い＝貨幣需要が小さい

という関係が成り立ち，貨幣需要曲線は右下がりになります．

〔参考答案例〕

ケインズは，貨幣を一般的交換手段として即時かつ損失なしに他の財貨と交換できる優れた能力を持った安全で確実な資産とみなし，完全な流動性を持った資産という意味で貨幣を流動性と呼び，利子率は流動性を手放すことによって得られる報酬と考えた．そして利子率の水準は貨幣に対する需要と供給によって決定されると主張した．

ケインズによれば，貨幣の供給（マネーサプライ）は中央銀行によって外生的に決まり，利子率の関数とは考えてはいない．これに対して貨幣に対する需要は大別して3つの動機がある．第1は「取引動機」と呼ばれるものである．家計ならば消費財を買うために，企業ならば生産財を買うために貨幣を手もとに保有しようとする動機である．第2は「予備的動機」と呼ばれるものである．家計ならば病気・事故など将来の不意の支出に備えて，企業ならば思いがけない有利な取引機会に備えて貨幣を保有しようとする動機である．この取引動機と予備的動機による貨幣需要を「取引需要（L_1）」といい，国民所得（Y）に依存し，国民所得の増加関数であるので $\left[L_1 = L_1(Y) ; \dfrac{\Delta L_1}{\Delta Y} > 0\right]$ であらわされる．

第3は「投機的動機」である．これは，金融資産をできるだけ有利な形で保有しようとする観点から貨幣を保存しようとする動機である．いまコンソル国債（イギリスの無期限確定利付国債）と貨幣の2種類の資産の選択について考察してみよう．コンソル国債はそれを購入すれば，毎期aポンドの利息を永続的に約束する債券である．現在の債券市場の利子率をiとすれば，この債券の割引現在価格の合計Bは

$$B = \dfrac{a_1}{1+i} + \dfrac{a_2}{(1+i)^2} + \cdots\cdots + \dfrac{a_n}{(1+i)^n} \fallingdotseq \dfrac{a}{i}$$

であらわされる．この式 $\left(B \fallingdotseq \dfrac{a}{i}\right)$ より，Bとiは反比例の関係にある．すなわち，債券価格が高いときは利子率が低く，債券価格が低いときは利子率が高くなる．もし，現在の債券価格が高く将来値下がり（損失が生じる）が予想されるときは，債券より貨幣を保有したほうが有利になるので債券は売られて債券価格は下落し利子率は上昇する．この場合は貨幣の需要が大きくなる．反対に，現在の債券価格が低く将来の値上がり（利益が生じる）が予想されるときは，貨幣より債券を保有した方が有利になるので債券が買われ債券価格は上昇し利子率は下落する．この場合は貨幣需要が小さくなる．このような観点からの貨幣保有動機を投機的動機といい，その動機に基づく貨幣需要を「資産需要」という．資産需要（L_2）は利子率に依存し利子率の減少関数であるので $\left[L_2 = L_2(i) ; \dfrac{\Delta L_2}{\Delta i} < 0\right]$ であらわされる．

以上の3つの動機から，全貨幣需要をLとすれば，$L = L_1(Y) + L_2(i) ; \dfrac{\Delta L_1}{\Delta Y} > 0 , \dfrac{\Delta L_2}{\Delta i} < 0$ となる．これが貨幣需要関数（流動性関数）でありこれを図示したものが図35－1である．貨幣需要Lのうち取引需要L_1は国民所得の増加関数であり，所得に対して一定割合を保つとみなされる．この割合をkとすれば，国民所得がY_0のときのL_1はkY_0となり，Y_1のときはkY_1となるので図35－1（a）のように右上がりの線で描かれる．また，資産需要L_2は利子率

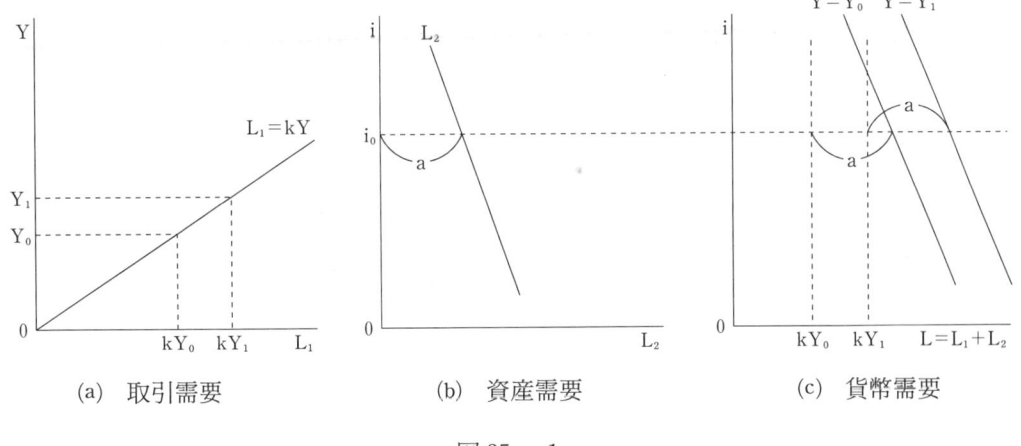

(a) 取引需要　　(b) 資産需要　　(c) 貨幣需要

図 35 − 1

の減少関数であるので図 35 − 1(b)のように右下がりの線で描かれる．このことから貨幣需要 L は，国民所得を $Y=Y_0$ とすると，L_2 を kY_0 から a だけ右シフトした線で描かれる．このように貨幣需要関数（貨幣需要曲線）は，図 35 − 1(c)のように一定とした国民所得水準に対応して右下がりに描かれる．

　流動性選好説によると，利子率は貨幣の需要と供給が均衡するところで決定される．貨幣需要は国民所得が一定（Y_0）のもとで $L=L_1(Y_0)+L_2(i)$ となり，貨幣供給（M）は中央銀行によってコントロールされるので $M=L_1(Y_0)+L_2(i)$ となる．いま貨幣供給の水準を M_0 とし，物価水準（P）が一定で $P=P_0$ とすると実質貨幣供給は $\frac{M}{P}=\frac{M_0}{P_0}=$ 一定となり，貨幣市場の均衡条件は $\frac{M}{P}=L$ となる．これを図示したのが図 35 − 2 で貨幣の需要と供給の均衡をもたらす均衡利子率は i_0 で決まる．もし利子率が i_1 のときには，a に相当する貨幣の超過需要が生じているので，市場では債券が売却されて貨幣に転換される．このため，債券価格は下落して利子率が上昇し i_0 のところに落ち着く．利子率が i_2 のときは貨幣の超過供給が生じているので逆のことがいえる．

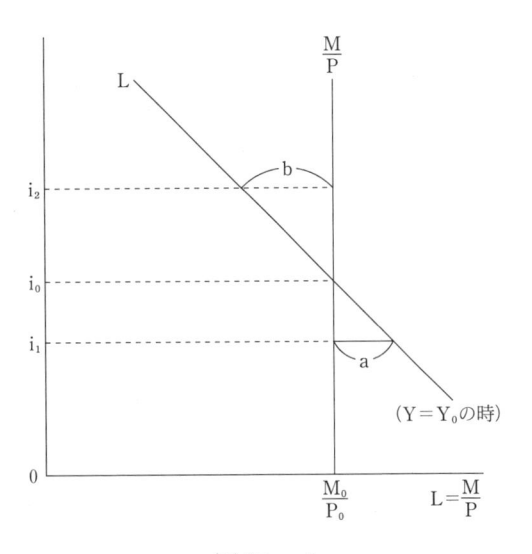

図 35 − 2

第36講　IS・LM 曲線の導出過程

学習日　　月　　日

〔問　題〕
　IS・LM 曲線の導出過程を図解しなさい．

〈学習上の留意点〉

　国家試験のマクロ経済学の問題で1番多いのが IS・LM 曲線に関する問題です．IS・LM 分析はある意味でマクロ経済学における1つの頂点をなすものといえます．IS 曲線と LM 曲線はすでに与えられたものとして勉強している人が多いのですが，これは導出過程から把握することが大切です．

　ＩＳ曲線の導出過程は，4象限の図では利子率と投資の関係から出発しますが，LM 曲線の導出過程は，国民所得と取引需要の関係から出発するのが基本です．また，LM 曲線の導出過程では，流動性トラップと投機的動機がゼロの状態を入れて図解すると理解がより一層深まります．この種の問題は本文と図をいかにうまく対応させて明確に論ずるかが，得点を左右するポイントになりますので十分注意を払うことが大切です．

〔参考答案例〕

　ケインズの「投資の限界効率理論」によれば，投資は利子率に依存して決まるというものである．したがって，利子率が異なれば投資支出も異なることとなり，投資，消費，政府支出の合計である総需要も変化し，結果的に国民所得も変化することになる．換言すれば，総需要＝総供給という生産物の均衡条件が成立したとしても，異なった利子率のもとでは異なった国民所得が成立するということである．このときの生産物市場における利子率と国民所得の組み合わせはIS曲線によってあらわされる．そこで，IS曲線を図36-1の(a)(b)(c)象限から導出してみよう．(a)象限は投資曲線を示している．「投資の限界効率理論」によって投資は利子率の減少関数であるので，利子率がi_1のとき投資はI_1となり，利子率がi_2に下落すれば投資はI_2に増加する．(b)象限は投資(I)－貯蓄(S)を示しており，原点を始点として45度線が描かれている．(c)象限は貯蓄曲線が示している．貯蓄は所得の増加関数であるのでY_1の国民所得水準のときはS_1の貯蓄水準が示されている．なお，ここでは簡単化のために全て直線で描いている．

　いま，(a)象限の利子率をi_1とすれば，それに対応する投資はI_1となり，それに等しい貯蓄S_1を生む国民所得はY_1でなければならない．また，$I_1=S_1$に対応する利子率と国民所得の組み合わせは(d)象限のE_1になる．同様に(a)象限の利子率i_2に対応する$I_2 \to S_2 \to Y_2$というプロセスを経て(d)象限のi_2とY_2の組み合わせを示すE_2が得られる．このように$I=S$に対応する利子率と国民所得の関係を無数に組み合わせることによって，(d)象限の右下がりのIS曲線を導出することができる．

　一方，ケインズの利子率決定の理論によれば，利子率は貨幣に対する需要と供給が一致したところで決まるとされているが，この場合には貨幣需要に影響を及ぼす国民所得の値が一定と仮定されている．したがって，もし国民所得が変化すれば貨幣需要も変化し，結果的に利子率

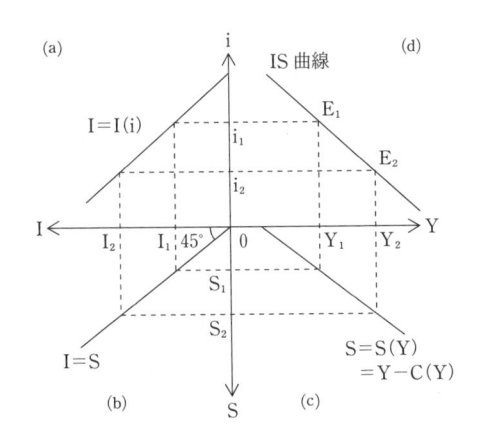

図36-1　IS曲線の導出　　　　　図36-2　LM曲線の導出

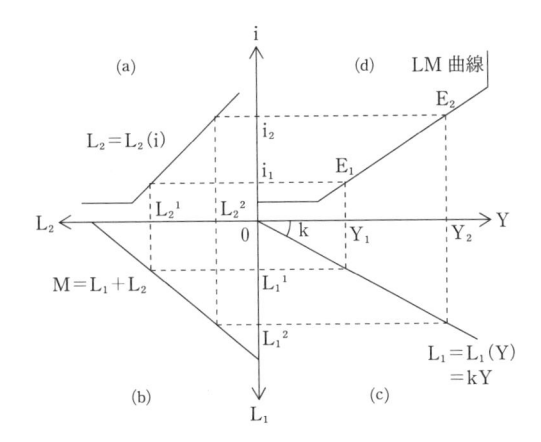

も変化することとなる.換言すれば,貨幣の需要=供給という貨幣市場の均衡条件が成立したとしても,異なった国民所得のもとでは異なった利子率が成立するということである.このときの貨幣市場における国民所得と利子率の組み合わせはLM曲線によってあらわされる.そこで,LM曲線を図36－2の(a)(b)(c)象限から導出してみよう.(a)象限はケインズの流動性選好説における投機的需要L_2,すなわち利子率と資産保有のための貨幣需要との関係を示している.なお,横軸に水平な部分は流動性トラップ(利子率の下限)を示している.(b)象限の貨幣供給量Mは取引需要(L_1)と投機的需要(L_2)に配分され,$M=L_1(Y)+L_2(i)$で示される.(c)象限のL_1は取引動機(日常の取引のため貨幣を手元に保有しようとする動機)と予備的動機(偶発的出来事のために貨幣を手元に保有しようとする動機)の合計の取引需要(L_1)である.これは所得に対して一定の割合を保つとみなされ,この割合をkとすれば,$L_1=kY$となり,図36－2のように直線で描かれる.

いま,(c)象限の国民所得がY_1のとき,それに対応するL_1の水準はL_1^1になる.貨幣量を一定とすると$M=L_1+L_2$より,(b)象限のL_2の水準はL_2^1になる.L_2の水準がL_2^1のときそれに対応する利子率は(c)象限のi_1になる.このように,$M=L_1+L_2$に対応する国民所得Y_1と利子率i_1の組み合わせは(d)象限のE_1になる.同様に(c)象限の国民所得Y_2に対応する$L_1^2 \to L_2^2 \to i_2$というプロセスを経て(d)象限のY_2とi_2の組み合わせを示すE_2が得られる.このように$M=L_1+L_2$に対応する国民所得と利子率の関係を無数に組み合わせることによって(d)象限の右上がりのLM曲線を導出することができる.ただし,全ての人が貨幣を取引需要のために保有している場合には,LM曲線は横軸に対して垂直になり,古典派の貨幣数量説が考えている世界といえる.

以上のようにして導出されたIS曲線とLM曲線を一緒に図示したものが図36－3であり,両曲線の交点Eにおいて利子率i_0と国民所得Y_0の均衡水準が決定される.

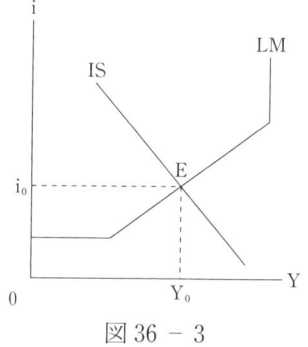

図36－3

第37講　IS 曲線と LM 曲線の均衡調整過程

　　　　　　　　　　　　　　　　　　　　　　　　　　　学習日　　月　　日

〔問　題〕
　生産物市場と貨幣市場の均衡調整過程について説明しなさい．

〈学習上の留意点〉

　IS 曲線と LM 曲線の導出過程は基本的な課題ですが，IS 曲線と LM 曲線の均衡調整過程は難しい課題に分類されています．IS 曲線上に無い利子率と国民所得の組み合わせは I＝S という条件を満たしていないことを意味しています．つまり，IS 曲線の右上領域にある組み合わせは全て I＜S になっていること，また IS 曲線の左下領域にある組み合わせは全て I＞S になっていることを証明し，I＝S へ調整されていくことを説明できるようにして下さい．

　同様に，LM 曲線上に無い利子率と国民所得の組み合わせは L＝M という条件を満たしていないことを意味しています．つまり，LM 曲線の右下領域にある組み合わせは全て L＞M になっていること，また LM 曲線の左上領域にある組み合わせは全て L＜M になっていることを証明し，L＝M へ調整されていくことを説明できるようにして下さい．

112　第37講　IS曲線とLM曲線の均衡調整過程

〔参考答案例〕

　IS曲線とLM曲線の交点では，安定した一組の均衡国民所得と均衡利子率が成立することになる．I＝Sという条件を満たす利子率と国民所得の組み合わせが全てIS曲線上にあらわれるということは，換言すればIS曲線上に無い利子率と国民所得の組み合わせはI＝Sという条件を満たさないことを意味している．いま，IS曲線の右上領域にある組み合わせとして図37－1のA点をとりあげてみよう．この点では，利子率がi_0であるから投資は図37－2のI_0の水準にある．また国民所得はY_1であるから，A′点であらわされることになる．この国民所得水準では明らかにI＜Sとなっており，総需要が総供給を下回っているので総供給の減少，つまり国民所得の減少が生じて，I＝Sという条件が成立するY_0の国民所得に向かうことになる．このようにIS曲線の右上領域にある組み合わせはどこも点Aと同じく，I＜Sとなっており総供給ないし国民所得の減少が生じ，I＝Sが成立する方向へ移動していくのである．IS曲線の左下領域にある場合には，これと逆のことが生じる．いま，図37－1のB点をとりあげてみよう．この点では，利子率はi_1であるから投資は図37－2のI_1の水準にある．また，国民所得はY_0であるからB′点であらわされることになる．この国民所得では明らかにI＞Sとなっており総需要が総供給を上回っているので総供給の増加，つまり国民所得の増加が生じて最終的にはI＝Sという条件が成立するY_1の国民所得に向かうことになるのである．このようにIS曲線の左下領域にある組み合わせはどれもB点と同じく，I＞Sとなっており総供給ないし国民所得の増加が生じ，I＝Sが成立する方向へ移動していくのである．

　一方，L＝Mという条件を満たす利子率と国民所得の組み合わせがすべてLM曲線上にあらわれるということは，換言すればLM曲線上に無い利子率と国民所得の組み合わせはL＝Mという条件を満たさないことを意味している．いま，LM曲線の左上領域にある組み合わせとして図37－4のA点をとりあげてみよう．この点は，国民所得がY_0であるから貨幣需要は図37－3の曲線L上にある．また利子率はi_1であるから，図37－3のA′点であらわされることになる．この利子率水準においては明らかにL＜Mとなっており，貨幣に対する超

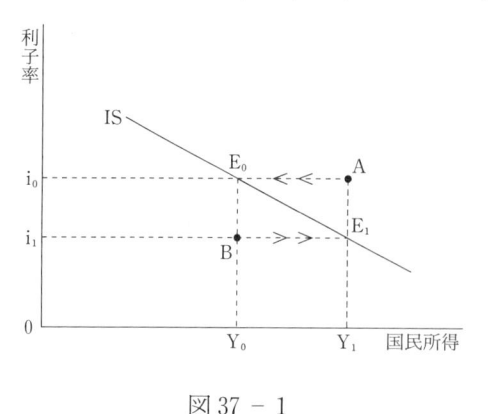

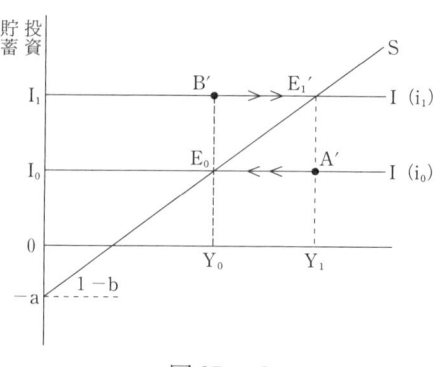

図37－1

図37－2

第37講 IS曲線とLM曲線の均衡調整過程　113

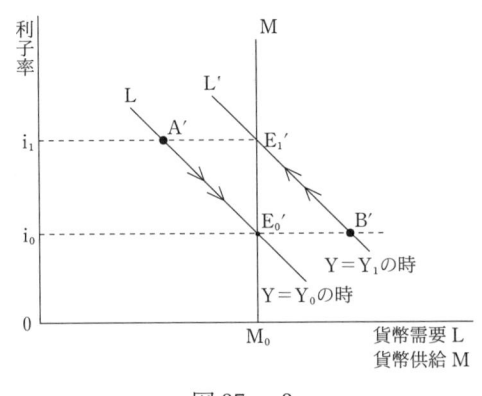

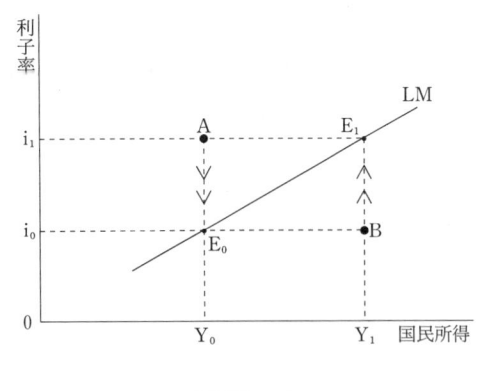

図37-3

図37-4

過供給が生じているので利子率が下落することになる．これは，図37-4ではA点からE_0点への移動あるいは図37-3のA'点からE_0'点への移動として示される．このようにしてLM曲線の左上領域にある組み合わせは，どれもA点と同じくL<Mとなっており，その場合には利子率の下落が生じ，L=Mが成立する方向へと移動していく．LM曲線の右下領域にある場合には，これと逆のことが生じる．いま，図37-4のB点をとりあげてみよう．この点は，国民所得がY_1であるから貨幣需要は図37-3の曲線L'上にある．また利子率はi_0であるから，図37-3のB'点であらわされることになる．この利子率水準においては明らかにL>Mとなっており，貨幣に対する超過需要が生じているので利子率が上昇することになる．これは，図37-4ではB点からE_1点への移動，あるいは図37-3のB'点からE_1'点への移動として示される．このようにしてLM曲線の右下領域にある組み合わせは，どれもB点と同じくL>Mとなっており，その場合には利子率の上昇が生じ，L=Mが成立する方向へと移動していく．

　このように現実の経済が，IS曲線上やLM曲線上に無いときには生産物市場や貨幣市場において不均衡が生じるが，それらの不均衡状態は図37-5のように大きく4つの領域（I）〜（IV）に分類できる．まず（I）では，I<SかつL<Mとなっているので，国民所得の減少と利子率の低下が生じ，左下方向へ向かう調整が働く．（II）では，I>SかつL<Mとなっているので，国民所得の増加と利子率の低下が生じ，右下方向へ向かう調整が働く．（III）では，I>SかつL>Mが成立するので国民所得の増加と利子率の上昇が生じ，右方向へ向かう調整が行なわれる．（IV）では，I<SかつL>Mが成立するので，国民所得の減少と利子率の上昇が生じ，左上方向へ向かう調整が行なわれる．このようにして，経済か（I）象限のA点にある場合，最終的にはIS曲線とLM曲線の交点Eのところで国民所得と利子率が決まる．

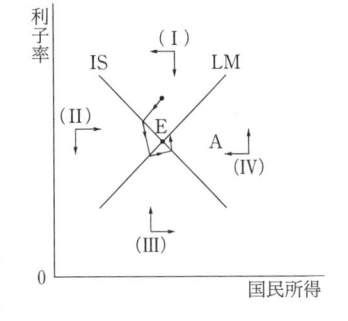

図37-5

第38講　クラウディング・アウト

学習日　　月　　日

〔問　題〕
　政府支出の財源が国債の市中消化によって賄われる場合，次の設問について説明しなさい．
(1) 短期のクラウディング・アウトについて説明しなさい．
(2) IS・LM曲線の勾配を考慮した場合のクラウディング・アウトについて説明しなさい．
(3) 長期のクラウディング・アウトについて説明しなさい．

〈学習上の留意点〉

　財政政策と金融政策の有効性・無効性を説明する代表的な課題としてクラウディング・アウトの問題があります．一般的なクラウディング・アウトの説明はほとんどの人が把握しているのですが，IS・LM曲線の勾配を考慮した場合や，富効果と資産効果を考慮した場合のクラウディング・アウトを把握している人はそれ程多くはありません．(1)ではLM曲線がシフトしないこと，国民所得が乗数効果よりも小さくなることにポイントがあります．(2)ではLM曲線の勾配が急なほど，つまり，貨幣需要の利子弾力性が大きいほどクラウディング・アウトは大きくなる．また，IS曲線の勾配が緩やかなほど，つまり，投資の利子弾力性が大きいほどクラウディング・アウトは大きくなることを図解することにポイントがあります．(3)ではLM曲線も左上方にシフトするということにポイントがあります．

　なお，日本において国債は市中消化が原則ですが財政法第5条は「公債発行及び借入れの制限」という題で「すべて，公債発行については，日本銀行にこれを引き受けさせ，又，借入金の借入れについては，日本銀行からこれを借り入れてはならない．但し特別の事由がある場合において，国会の議決を経た金額の範囲内では，この限りでない」と明示してあります．財政法が施行（昭和22年）されて以来，国債の日銀引受けは1度もありませんでしたので，あたかも日本銀行の国債引き受けが禁止されていると思っている人が多いですが，但し書きにより，日本銀行引き受けが認められています．他の国ではイギリスも中央銀行の国債引き受けが認められています．政府支出の財源が国債の日銀引受けによって賄われる場合，IS曲線と共にLM曲線も右へシフトすることを把握して下さい．

〔参考答案例〕

(1) IS・LM 分析の枠組みからいえば，IS 曲線のシフトは財政政策によって捉えることができる．いま，市中消化によって国債を発行し，その財源を政府支出にあてる場合について考えてみよう．いま，経済は図 38 − 1 の E_1 点で均衡しているとする．このとき政府支出を ΔG 増加したとき IS 曲線は右上方にシフトするが，国債を市中消化で発行する場合はマネーサプライは変化しない．この時，利子率が一定ならば，生産物市場には乗数効果が働くことによって，国民所得は Y_3 まで上昇するはずである．しかしながら，この場合，貨幣市場では超過需要が発生している．これは，国民所得の上昇によって貨幣の取引需要が増加したことによる．このため，貨幣市場では利子率が上昇し，投機的需要が減少するかたちで需給が均衡するように調整される．一方，この利子率の上昇は，財市場の投資を減少させる．これによって均衡点は E_2 となる．このように，政府支出の増加によって利子率が上昇し，民間の投資を減少させることをクラウディング・アウトと呼び，$Y_3 − Y_2$ の幅がこれに当る．

(2) このクラウディング・アウトの大きさは，IS 曲線・LM 曲線の勾配に依存する．図 38 − 2 は図 38 − 1 と IS 曲線の傾きは同じだが，LM 曲線の勾配が急である．このケースではクラウディング・アウトの幅は $Y_3 − Y_2$ となり LM 曲線の勾配が急なほど，つまり，貨幣需要の利子弾力性が大きいほどクラウディング・アウトは大きくなる．また，図 38 − 3 は図 38 − 1 と LM 曲線の勾配は同じだが，IS 曲線の勾配が穏やかである．このケースではクラウディング・アウトの幅は $Y_3 − Y_2$ となり IS 曲線の勾配が緩やかなほど，つまり，投資の利子弾力性

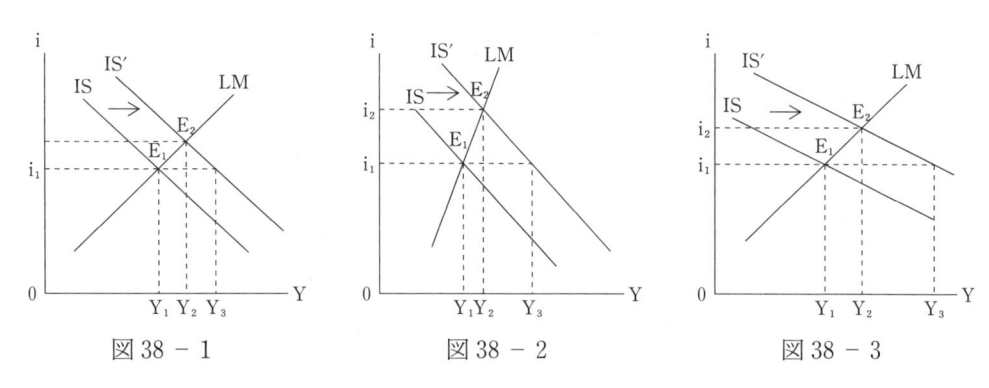

図 38 − 1　　　　　　　　図 38 − 2　　　　　　　　図 38 − 3

が大きいほどクラウディング・アウトは大きくなる．

(3) ケインジアンは，政府支出がマネーサプライを伴わない国債発行（市中消化方式）で賄われる場合，クラウディング・アウトの大きさはそれほど大きくないと考えていた．これに対し，フリードマンはマネーサプライの増加を伴わない財政政策は長期的には無効であるとして，ケインジアンを批判している．すなわち，国債が市中消化によって発行された場合，IS 曲線の右上方シフトによって国民所得も利子率も上昇するが，このような分析は，短期的な経済効果を論述しているだけであって財政政策の全効果を示すものではないと主張している．

第38講 クラウディング・アウト

フリードマンによれば，市中消化によって国債が発行されると，民間に累積される国債残高が増加し，富効果と資産効果の2つが働くとしている．富効果とは，国債は財産の一部であるから人々は手持ちの国債増加を富の増加と考え，富が増加することによって支出が刺激されるという効果である．資産効果とは，人々は資産が多いほどそれに見合うだけの貨幣を保有しようとするので，国債残高の増加は貨幣に対する需要を増加させるという効果である．

いま IS 曲線と LM 曲線が図38-4のように利子率 i_0，国民所得 Y_0 で均衡しているとしよう．政府支出の増加を国債の市中消化で賄った場合，IS 曲線は IS_1 から IS_2 へ右上方シフトする．もし政府が IS 曲線の位置をその年だけでなく翌年も国民所得を Y_1 に位置づけたいならば，翌年も国債を発行しなければならない．さもないと，翌年は再び均衡予算に戻らざるをえないから IS 曲線の位置は元の位置に戻ってしまう．IS 曲線の位置を IS_2 というより高い水準に維持し，そのことによって均衡国民所得の水準をより高いものに維持しようとするならば，国債を毎期毎期発行して国債残高の累増を甘受するしかない．ところで毎期毎期国債を発行していくということは，民間の保有する国債残高を増加させ，富効果が働くため支出が刺激されて IS 曲線はさらに右上方へシフトする．これは一方では，人々が資産効果によって貨幣需要が増大するため，マネーサプライ一定のもとでは LM 曲線が左上方にシフトすることになる．ここで重要なことは国債残高の効果がもたらす IS 曲線のシフト（$IS_2 \to IS_3$）や LM 曲線のシフト（$LM_1 \to LM_2$）のシフトは，国債が償還されるまで長期間にわたって続くということである．

IS 曲線と LM 曲線のシフト幅は経験的に何ともいえないが，① IS 曲線のシフトが LM 曲線のシフトよりも大きい場合（LM 曲線が LM_2 の位置よりも右下方の場合）は財政政策は長期的にプラスの効果をもたらす．逆に② LM 曲線のシフト幅が IS 曲線のシフト幅を上回る場合（LM 曲線が LM_2 の位置より左上方にシフトする場合）は長期的にマイナスの効果をもたらす．また③両曲線のシフト幅が同じである場合，財政政策の長期的効果は無い．長期的に完全なクラウディング・アウトが発生するのは②と③の場合である．

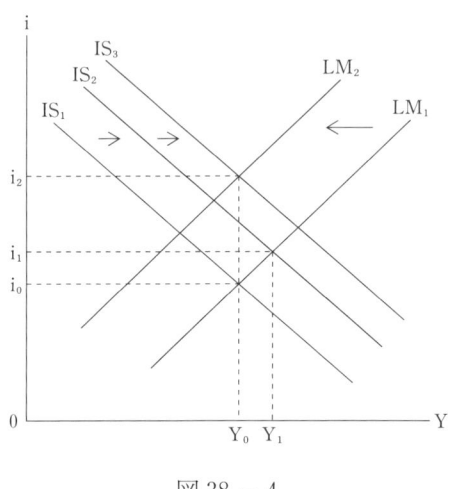

図38-4

第39講　マネーサプライ

学習日　　月　　日

〔問　題〕
マネーサプライの供給メカニズムについて説明しなさい．

〈学習上の留意点〉

出題者が金融論を専門とする人であれば，この課題は必ず把握しなければいけません．マネーサプライの定義と M_1，M_2，M_3 の内容を把握し，マネーサプライの供給メカニズムとして現金通貨が供給されるケースと預金通貨が供給されるケースを吟味して下さい．

信用創造の過程が100％生じるためには，①民間銀行が超過準備を持たないこと，②民間銀行から資金を受け取った企業はその資金を全額他の企業の支払いに当て，これを受け取った企業はその資金を全額預金することが前提となり，法定準備率を γ とすれば，貨幣乗数の $\frac{1}{\gamma}$ のみを考えたものです．信用創造と貨幣乗数を混同しないようにすることがポイントです．

〔参考答案例〕

マネーサプライとは，統計上の用語で民間非金融部門，すなわち銀行以外の一般法人，家計および地方公共団体が現金の形で手元に，ないし預貯金などの形で金融機関に保有する通貨量のことである．マネーサプライの中に預貯金が含まれるのは，それが現金通貨と同じように支払手段としての機能を果たしているからである．たとえば，今日広く普及している自動振替制度は，支払人の預金口座から受取人のそれへの預金の移転による決済を可能にし，また小切手振出可能勘定（当座預金）は，小切手振出人の口座から受取人の口座への預金の移転による決済を可能にする．このように要求ありしだい引き出すことのできる預金（要求払預金）は，現金通貨と同じように貨幣としての機能を果たすので狭義の貨幣概念として用いられている．

これ以外の定期性預金や貯蓄性預金は，それらを担保として現金を借りたり，中途解約により現金を引き出すことが可能なので広義の貨幣概念として用いられている．また，昭和54年に創設された譲渡性預金（CD）は第三者に譲渡可能な預金なので，前述の預金と区別して貨幣の概念に含めている．

わが国では，マネーサプライを通貨および金融機関の預貯金の範囲にしたがい，

M_1（エムワン）＝現金通貨＋要求払預金　　　　　　　　　　　　　M_1＋CD

M_2（エムツー）＝M_1＋定期性預金　　　　　　　　　　　　　　M_2＋CD

M_3（エムスリー）＝M_2＋郵便局・農協・漁協・信用協同組合・労働金庫の預貯金＋金銭信託・貸付信託元本　　　　　　　　　　　　　　　　　　　　　M_3＋CD

に分類しており，最も狭義のマネーをM_1，最も広義のマネーをM_3＋CDと呼んでいる．一般にマネーサプライの伸び率が高ければ（過剰流動性）インフレ，低ければ（過少流動性）デフレの危険性があるので，日本銀行は金融政策上の目標値としてM_2＋CDの伸び率に注意を払っている．このマネーサプライの供給経路を現金通貨と預金通貨の2つに分けて説明する．

(1) 現金通貨の供給

① 中央銀行から市中銀行へ貸出しの形式で貨幣が供給される．中央銀行が市中銀行に貨幣を貸出す場合には，商業手形の再割引という形で貸出す場合と国債などを担保として貸出す場合があるが，このときの割引歩合および貸出利子を公定歩合という．この公定歩合を上下させて通貨量を調整する政策を貸出政策あるいは公定歩合操作という．景気を促進させる場合には，公定歩合を引き下げるが，この場合は企業が銀行から資金を借りて設備投資を増加させるので貨幣が供給される．昭和30，40年代の高度経済成長時代はこのケースでの貨幣供給量が1番多かった．

② 公開市場操作によって貨幣が供給される．公開市場操作とは，中央銀行が公開市場において手持ちの債券・手形を売買することによって市中に出回っている貨幣量を調整しようとするものである．中央銀行が公開市場で債券・手形を購入する場合を買オペレーションといい，こ

れによって貨幣が供給される．

③ 政府が一般会計の一時的資金不足を補うために，財務省証券を発行し，それを中央銀行に引き受けてもらって資金を調達する場合に貨幣が供給される．

④ 中央銀行が外貨を買い入れることによって貨幣が供給される．輸出業者が商品輸出によって得た外貨は，金融機関を通して政府の外国為替資金特別会計に売られる．政府は外貨購入のための資金を一般会計からの繰り入れによって賄うが，その資金が不足しているときは，中央銀行から貨幣の供給を受けてこれを賄う．こうして中央銀行が外貨を買った場合に貨幣が供給される．国際収支の黒字が継続する場合，この経路で増発された貨幣は多額にのぼり，流動性が過剰になり，これが土地投機や株式投機に向けられバブル経済の一要因になったことは良く知られている．

(2) 預金通貨の供給

家計や企業から現金や小切手を受け入れることによって生ずる預金を「本源的預金」という．各々の銀行は，そのうちの一定額を準備金として中央銀行に預けておかなければならないことが法律で決められている（準備預金制度に関する法律）．預金のうち中央銀行に預けておかなければならない額を「支払準備金」といい，全体の預金に対して支払準備金として中央銀行に預け入れる割合を「法定準備率」という．全体の預金のうち中央銀行に預けていないものは，銀行の収益を得るために貸出しに向ける．

いま最も簡単な例として，法定準備率が10％であり，A銀行に当初100万円の本源的預金が預け入れられたとしよう．A銀行は100万円の預金のうち10万円を支払準備金として中央銀行に預け入れ，残りの90万円をX企業の貸出しに向けるとする．X企業はこれをY企業への支払いに回し，Y企業はこの90万円をB銀行に預金する．B銀行はこの預金のうち9万円（90×0.1）を支払準備金として中央銀行に預け入れ，残りの81万円をZ企業の貸出しに向ける．以下同様の過程を経て，銀行組織全体をみると，

$$100+100\times(1-0.1)+100\times(1-0.1)^2+100\times(1-0.2)^3+\cdots\cdots$$
$$=\frac{1}{1-(1-0.1)}\times 100=\frac{1}{0.1}\times 100=1,000$$

となり，当初100万円の本源的預金から10倍の1,000万円の預金が生じる．この過程を一般的な式であらわすと，預金総額＝$\frac{1}{\text{法定準備率}}\times$本源的預金となる．つまり，本源的預金はその法定準備率の逆数倍の預金をつくりだす．この過程を信用創造（預金創造）と呼ぶ．

第40講　金融政策と貨幣乗数

学習日　　月　　日

〔問　題〕
　金融政策について次の設問について説明しなさい．
(1) ハイ・パワード・マネー（民間銀行の保有現金も考慮する）とマネー・サプライとの関係から，貨幣乗数について説明しなさい．
(2) 金融政策の手段について説明し，それがどのような経路を経てマネー・サプライに影響を与えるかを貨幣乗数の式を使って説明しなさい．
(3) (2)の金融政策の手段を使っても，マネー・サプライに影響を与えることが出来ないケースを説明しなさい．

〈学習上の留意点〉

　ハイパワード・マネーとマネー・サプライの定義を明確にして貨幣乗数の式を導出することです．特にハイパワード・マネーは民間銀行の保有現金を考慮する場合と考慮しない場合がありますが，民間銀行の保有現金を考慮する場合を覚えておくと便利です．
　金融政策の3つの手段は重要ですので，必ず把握し，貨幣乗数の式に基づいてマネー・サプライに影響を与える経路を説明できるようにして下さい．また，最近のような不景気には金融政策は効果が無いといわれていますので，合わせて説明できるようにして下さい．

〔参考答案例〕

(1) 「ハイパワード・マネーH」とは，中央銀行が直接に管理する事が可能であり，経済全体の貨幣の基礎となるものをいい，現金通貨C，民間銀行の保有現金Vと民間銀行の中央銀行預け金（準備預金）Rから構成される．それゆえ，$H=C+V+R$とあらわされる．他方，「マネー・サプライM」は，民間非金融機関保有の貨幣量を意味し，現金通貨Cと預金通貨Dから構成される．それゆえ，$M=C+D$とあらわされる．この2つの定義式から，マネー・サプライとハイパワード・マネーの比率mを求めると，$m=\dfrac{M}{H}=\dfrac{C+D}{C+V+R}$のようになる．ここで，現金と預金の比率を$\dfrac{C}{D}=\alpha$，民間銀行の保有現金と預金の比率を$\dfrac{V}{D}=\beta$，法定準備率を$\dfrac{R}{D}=\gamma$とすれば，上式は$M=\dfrac{\dfrac{C}{D}+\dfrac{D}{D}}{\dfrac{C}{D}+\dfrac{V}{D}+\dfrac{R}{D}}H=\dfrac{\alpha+1}{\alpha+\beta+\gamma}H=mH$……①

のように書き換えることができる．この$m=\dfrac{\alpha+1}{\alpha+\beta+\gamma}$は「貨幣乗数」と呼ばれ，ハイパワード・マネーの増大ΔHがその貨幣乗数倍のマネー・サプライΔMを生み出す事を意味する．

(2) 金融政策とは，中央銀行が市中銀行の金利や現金準備に働きかけて，市中銀行の貸出能力や貸出態度に影響を与え，それによって企業の投資活動を変化させ，物価安定，完全雇用，安定的経済成長，国際収支均衡の目標を達成しようとする政策のことである．金融政策の伝統的手段としては次の3つの手段をあげることができる．

第1は金利政策である．これは公定歩合操作，貸出政策とも呼ばれ，中央銀行が市中銀行に対する貸出し金利（公定歩合）及び商業手形の割引歩合を上下に操作することによって，景気を調整するものである．公定歩合の変更は，日本銀行からの借入金利の変動として，市中銀行の資金調達コストに対して影響を及ぼすのみならず，短期金融市場の金利の変動を通じて間接的にも作用する．市中金融機関はこのような金利コストの変動に応じてその貸出しや証券投資の態度を変化させる．公定歩合を引き下げると，市中銀行は中央銀行からの資金借入れコストが下落するので，市中銀行は中央銀行からの借入れを増加させるであろう．これは，ハイパワード・マネーの増加を意味するから，上述の貨幣乗数の式のHを増加させるので，マネー・サプライMが増加する．貨幣供給が利子率の関数と考えない場合は貨幣の供給曲線は図40－1のように垂直に描ける．いま公定歩合をi_0からi_1に引き下げ市中銀行の資金需要に貸し付けると，日銀借入れはH_0からH_1に増加する．すなわちハイパワード・マネーの増加分は$\Delta H=H_1-H_0$となり，①式の乗数倍増加するのである．

第2は公開市場操作である．これは，中央銀行が公開市場において債券や手形を売ったり（売りオペレーション），買ったり（買いオペレーション）することによってハイパワード・マネーHを変化させ，貨幣乗数のプロセスによってマネー・サプライMを調整するものである．図40－2のように中央銀行が買いオペレーションを行なった場合，ハイパワードマネーの供給量は

図40-1　　　　　　　　　　　図40-2

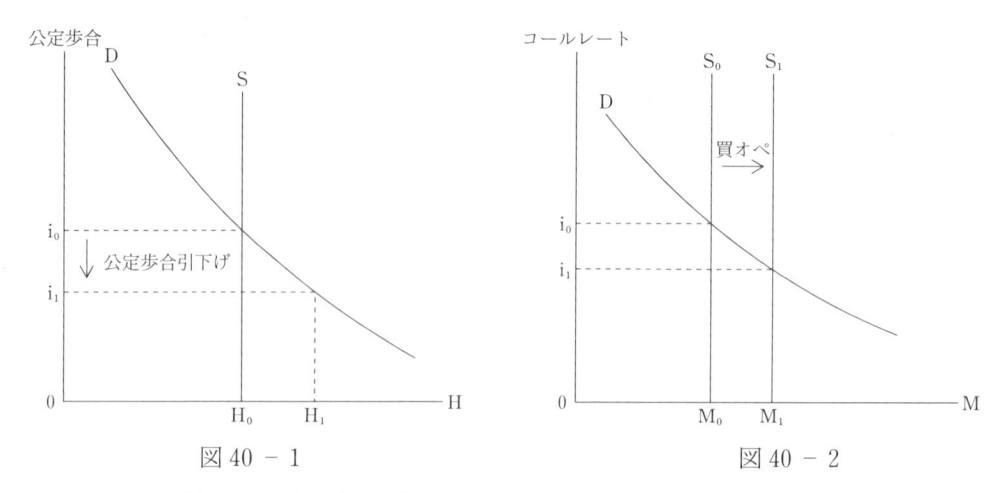

M_0からM_1まで増加し，貨幣供給曲線はS_0からS_1にシフトしている．このときインターバンク市場の利子率であるコールレートがi_0からi_1に下落する．

　第3は法定準備率操作である．これは市中銀行が，預金（D）の一定割合（準備預金R＝法定準備率γ×D：最高限度20％）を中央銀行に強制的に預けさせ（準備預金制度に関する法律），その割合を上下に操作することによってマネー・サプライを調整するものである．インフレーションのときには法定準備率を上げる．法定準備率γが高い（低い）ほどmの値は小さく（大きく）なるのでマネー・サプライMは小さく（大きく）なるという結論を導くことができる．

(3) 以上のように金融政策の効果について説明してきたが，次のような問題点も指摘されている．第1は市中銀行が過剰準備を抱えている状態では積極的な貸出政策を展開しても，市中銀行の中央銀行からの借入れ額は変化せず，ハイパワード・マネーへの供給効果は小さい．第2は法定準備率を引き下げて市中銀行の貸出額に余裕が出来ても，民間の資金需要がそれに伴わなければ，貸出額は増加せずマネー・サプライは増加しない．第3はバブル崩壊により，市中銀行が多額の不良債権を抱えたことで，貨幣乗数の式のVの増加をはかるための資金の貸し出しが慎重になるという，いわゆる貸し渋りが生じ，マネー・サプライが増加しない．第4は金融政策が発動されても，貨幣乗数のプロセスが進んでいくためには，かなりの時間を必要とする（反応ラグが長い）ので適切な金融政策が期待できない．

第41講　ウィリアム・プールの理論

学習日　　月　　日

〔問　題〕
　金融政策の運営目標に関するケインジアンとマネタリストの意見の相異について説明しなさい．

〈学習上の留意点〉

　IS・LM分析の応用問題で，新しいテキストでみかけるようになりました．金融政策の運営目標としてケインジアンは利子率を目安にしているのに対して，マネタリストはマネーサプライを目安にしています．ここでは，経済の不安定要因が生産物市場の側にある場合と，貨幣市場の側にある場合では政策の効果が違うということにポイントがあります．また，結論で長期の場合の効果についても触れておくことが必要です．

　なお，この課題の場合用紙2枚フルに使って説明している答案が圧倒的に少ないです．このような場合には，序文でIS曲線とLM曲線の導出過程について触れておくのも1つの方法と思われますので，くれぐれも余白を残さないようにして下さい．

124　第41講　ウィリアム・プールの理論

〔参考答案例〕

　1973年のオイル・ショック以降，経済政策の課題はインフレーションの抑制に向けられてきた．このため金融政策の「運営目標」として，ケインジアンは利子率を目標にしているのに対して，マネタリストはマネーサプライを目標にしている．この場合，貨幣市場に不安定要因がある場合にはケインジアンの利子率を目標にしたほうがより望ましく，生産物市場に不安定要因がある場合はマネタリストのマネーサプライを目標にしたほうがより望ましいということをウィリアム・プールが明確に説明している．

　図41－1は，経済の不安定要因が貨幣市場に存在するケースである．生産物市場は安定的であるためIS曲線は動かないが，投機的動機に基づく貨幣需要は，人々の債券の将来価格に対する評価の仕方に依存するため変動しやすい．このため，LM曲線の変動幅はたとえマネーサプライが一定であっても確定できないので，LM_1とLM_2の範囲内で変動すると仮定する．いま，目標の国民所得をY_0に保つように利子率をi_0に固定するケインジアンの金融政策を採用すると，国民所得水準はY_0のまま不変に保たれ目標を達成することができる．一方，マネーサプライを固定するマネタリストの金融政策を採用すると，IS曲線は動かないがLM曲線はLM_1とLM_2の範囲内で変動するため，達成される国民所得はY_1とY_2の範囲内にある．

　したがって，貨幣市場に不安定要因がある場合には利子率を運営目標とするケインジアンの政策のほうが望ましくなる．

　図41－2は，経済の不安定要因が生産物市場に存在するケースである．貨幣市場は安定的であるためLM曲線は動かないが，生産物市場は投資の限界効率表の変化に影響されやすいため変動しやすい．投資の限界効率表は，企業の将来にわたる純収益の期待によるものであり，現実経済では不安定な部分が多いのでここではIS_1とIS_2の範囲以内で変動するものと仮定する．いま，目標の国民所得をY_0に保つように利子率をi_0に固定するケインジアンの金融政策

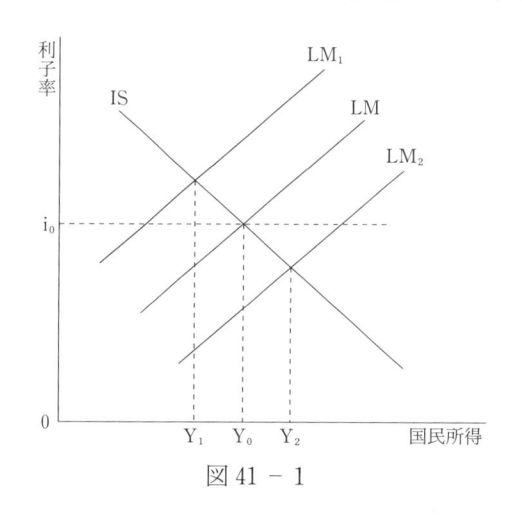

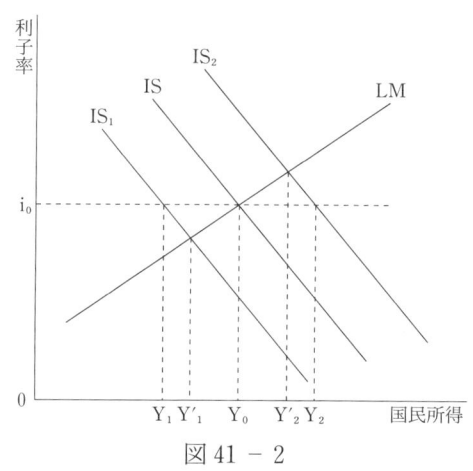

図41－1

図41－2

を採用すると，達成される国民所得は Y_1 と Y_2 の範囲内にある．これに対して，マネーサプライを固定するマネタリストの金融政策を採用すると，LM 曲線は動かないが，IS 曲線は IS_1 と IS_2 の範囲内で変動するため，達成される国民所得は Y_1' と Y_2' の範囲内にある．

したがって図 41 − 2 より，$Y_2 - Y_1 > Y_2' - Y_1'$ であることは明らかであり，利子率を固定するよりもマネーサプライを固定したほうが目標の Y_0 により近い国民所得が実現できる．このことから，生産物市場に不安定要因がある場合には，マネタリストのマネーサプライを運営目標にした政策のほうがより望ましくなる．

このように，経済の不安定要因が貨幣市場と金融市場のどちらかにある場合は結論が違ったものになるが，不安定要因が両方にある場合にはどちらの政策がより望ましいかを明確にすることは容易でない．ただ，マネタリストは貨幣需要関数のほうが投資支出関数よりも安定的であると考えているので，LM 曲線のほうが IS 曲線よりも安定的であるという認識にたってマネーサプライ重視の金融政策を提唱している．

これまでの理論はあくまでも物価が変化しない短期の場合であったが，人々がインフレを予想する長期の場合はどうであろうか．ケインジアンの場合，利子率を下げることによって投資が増加して景気が良くなるという考えから，金融政策の運営目標は利子率を望ましい水準に移動して固定させることにポイントがあり，利子率を下げるためにはマネーサプライを増加させるという考え方に立っている．これに対して，マネタリストは利子率はマネーサプライの増加によって確かに一時的には下がるが，マネーサプライが増加すれば人々は将来物価が上昇するであろうと予想するようになり，このような考え方は人々の貨幣に対する超過需要を助長して長期的には利子率が高くなっていくと考えている．このことから，マネタリストは利子率は長期的には固定できないと主張し，長期においてもマネーサプライ重視の金融政策が有効であると提唱している．

第42講　平成不況

学習日　　月　　日

〔問　題〕

　日本経済は1980年代後半のバブル時代を経て，1990年代に入ってから長い不況の谷間に陥っている．このようなバブル崩壊後の平成不況について，次の設問について説明しなさい．

(1) 最近百貨店の売り上げが前年を下回るなど消費が低迷しているが，貯蓄が増加する結果国民所得はどうなるかを説明しなさい．

(2) 現在，日本の公定歩合が史上最低の水準まで引き下げられているが，金融政策の効果がそれほど有効でない理由についてIS・LM曲線を使って説明しなさい．

(3) 現在の不況に対して，財政政策がそれほど有効でない理由についてIS・LM曲線を使って説明しなさい．

〈学習上の留意点〉

　総務省の発表によると2002年度平均の完全失業率が5.4％と過去最悪となり，家計消費支出は初の5年連続減となり，「個人消費の停滞基調が続いている」との見方を示しました．このように日本経済は深刻な不況の状態にあり，消費者が生活防衛行動を緩めていないことが浮き彫りになると共に，雇用不安やデフレ懸念といった消費の下押し圧力は依然として強いことを意味し，景気回復への道はなお厳しいといえます．

　また，日本銀行が公表した年報「1997年度の金融経済動向」のなかで，日本経済が今後，物価の下落と需要の減少が連鎖的に起きる悪循環（デフレスパイラル）に陥る可能性を事実上認め，今後の日本経済の課題の第1にデフレスパイラルの回避を挙げています．

　このように日本経済の現状は非常に厳しく，このような現状を認識して，理論的に説明することにができるようにしておくことが大切です．

　(1)では第30講で勉強したことをこのような問題で使えることを把握することにポイントがあります．(2)では流動性トラップの状態と投資の利子弾力性がゼロの状態の2つを取り上げて図解することにポイントがあります．(3)ではバブル崩壊と共に人々の手持ちの債券・株・土地などの資産価格が低下したために，消費支出が減少して逆富効果が生じていることを把握して下さい．

〔参考答案例〕

(1) 図42－1において縦軸に貯蓄（S）と投資（I）の額，横軸に国民所得（Y）をとる．貯蓄の大きさは国民所得の大きさに依存するから貯蓄曲線は右上がり曲線として描かれる．一方投資は「独立投資」である．独立投資とは，国民所得の大きさとは別個に独立した要因によって決定される投資である．そこで，国民所得の大きさにかかわりなく投資額は一定という意味で，投資曲線は横軸に平行に引くことができる．国民所得は貯蓄と投資が均衡しているところで決定されるので均衡点はE点である．したがって，国民所得はE点から垂線を下ろした$0Y_1$の大きさに決定される．国民所得が何らかの事情でY_1点の右側に移動したとしよう．その場合には，貯蓄が投資を常に上回る．これは超過供給を意味し，この結果企業は売り上げ不振，滞貨，生産縮小に追い込まれる．国民所得はそれに伴って左側に移動する．もしY_1点の左側に達すれば上述と逆の事態が発生し，いずれまたY_1点に向かって右側へ移動するはずである．このようにして国民所得は貯蓄と投資とが均衡する点に引き寄せられるのであり，Y_1点において安定的かつ持続的な国民所得が成立するのである．

一般に節約（貯蓄）は美徳といわれている．そこでいま貯蓄が上昇したとしよう．この場合S曲線はS′曲線へ上方に平行移動し，均衡点はEからE′へと投資曲線上左側へ移動する．この移動は明らかに国民所得がY_1からY_2へとΔY分だけ減少したことになる．このように貯蓄が増加したことによって国民所得が減少することを「節約のパラドックス」と呼んでいる．この論理は，経済不況が長引いて大量失業が発生し，過剰生産設備が存在して有効需要が不足しているような状態において顕著にあらわれる．なぜなら深刻な経済不況において，もし各家庭の貯蓄が上昇すればその分各家庭の消費支出が削減され，ますます購買力の不足が顕著になり国民所得はより低水準へと押しやられてしまうからである．したがって，このような経済状態においてはまさに貯蓄は悪徳になるのである．この場合必要とされる対策は，ケインズ流の有効需要政策である．

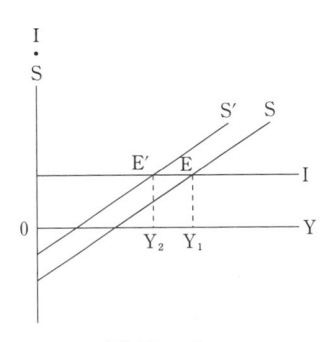

図42－1

(2) 現在は不況の状態にあり，誰もが利子率が下限に達していると判断するときは，債券を購入する人はいなくなり，貨幣の形で資産を保有しようとする．この場合「貨幣需要の利子弾力性」は無限大となり，貨幣需要曲線は利子率の下限水準で水平になる．この水平部分を「流動性トラップ」と呼んでいる．したがって，所得が増加しても，貨幣市場の均衡を維持する利子率は変化しないから，流動性トラップがあるところではLM曲線は水平となる．いま，図42－2において経済が流動性トラップに陥っており，そのためにLM曲線の水平部分でIS曲線とE点で交差し，国民所得がY_*となっている．この時，金融緩和政策によってLM曲線を

LM_1 から LM_2 にシフトさせても，LM 曲線の右端部分が右方にシフトするだけであり，均衡点は全く変化しない．つまり，金融政策は無効である．

また，不況が深刻化している場合，たとえ市場利子率が下落して借入コストが低下しても，将来に対する景気の見通しがつかないため，企業は投資を差し控えることがある．このような場合投資は利子率の変化に対して全く反応しないから，利子率に対して投資は非弾力的となることがある．この場合，図 42-3 のように IS 曲線は垂直になるため，金融緩和策を行ない，LM 曲線を LM_1 から LM_2 にシフトさせても国民所得水準 Y_* は変化しないので，金融政策は無効となる．

(3) いま，経済が図 42-4 に示すように，IS 曲線と LM 曲線が IS_1 と LM_1 の交点 E_1 で均衡しているとする．このとき，均衡国民所得は Y_1 である．ところが完全雇用国民所得は Y_F であるので有効需要の不足が生じ，経済は不況に陥っているのである．そこで，この不況から脱出するために，完全雇用国民所得水準を目指し，政府が大規模な財政拡大政策をとり，政府支出を増やしたとする．政府支出の増加は乗数効果を通じて有効需要を増大させ，図 42-4 において IS 曲線は IS_1 から IS_2 にシフトする．こうして均衡点は E_2，均衡国民所得は Y_F に増大するはずである．ところが，バブル崩壊と共に人々の手持ち債券，株，土地などの資産価値が下落したために，以前よりも消費支出は減少するのである．なぜならば，資産価値の下落は消費支出を減少させるように作用するからである．これは，逆富効果である．このため，IS 曲線は IS_3 に左下方へとシフトする．結局せっかくの景気拡大効果は弱められてしまうのである．

さらに，バブル崩壊後民間金融機関は多額の不良債権を抱えており，新規の貸出にはきわめて消極的であり，いわゆる貸し渋りが生じている．これは，貨幣供給量の減少をもたらし，LM 曲線を LM_1 から LM_2 にシフトさせる．こうして，均衡点は E_3，均衡国民所得は Y_1 となり，財政政策の効果は無効となる．

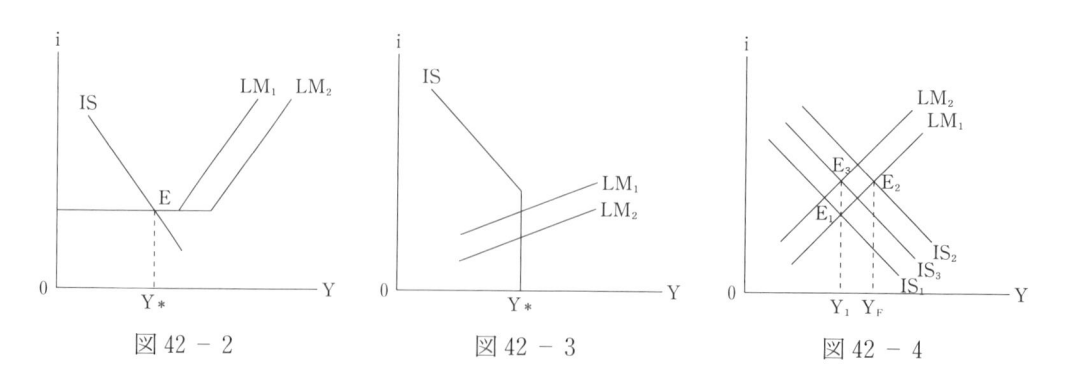

図 42-2

図 42-3

図 42-4

第43講　自然失業率仮説

学習日　　月　　日

〔問　題〕
自然失業率仮説について説明しなさい．

〈学習上の留意点〉

イギリスの経済学者フィリップスは，1958年に発表した「1861～1957年のイギリスにおける失業率と物価上昇率との関係」のなかで，物価上昇率と失業率間には右下がりの曲線が描かれることを統計的に明らかにしました．

1973年の第1次石油ショック後の経済は世界的にスタグフレーションの状態になりました．ケインジアンはスタグフレーション対策として「所得政策」を採用しましたがそれが失敗に終わったので，この年代はケインズ政策に対する批判がでた時期でもありました．これに対してマネタリストのフリードマンはスタグフレーションを「自然失業率仮説」から説明した業績等で1976年にノーベル経済学賞を受賞しました．

自然失業率仮説は短期フィリップス曲線から長期フィリップス曲線を導出し，ケインズ的総需要拡大政策は短期的には失業率を改善させるが，長期的には物価上昇率を高める（スタグフレーションを増大させる）だけである，というところにポイントがあります．なお，ここではフィリップス曲線の賃金の変化率が物価の変化率と等しくなる理由は以下のように説明できます．

フル・コスト原則（第23講）によれば，物価＝P，マークアップ率＝m，平均費用＝ACとすれば，$P=(1+m)AC$となります．また雇用量＝N，生産量＝Y，名目賃金率＝Wとすれば，労働の1単位当りの生産量は$\frac{Y}{N}$になるので，生産物1単位当りの労働コストは$AC=\frac{W}{\frac{Y}{N}}$になります．ここでmと$\frac{Y}{N}$を一定とすれば$\frac{\Delta P}{P}=\frac{\Delta W}{W}$になり，賃金の変化率と物価の変化率は等しくなります．

〔参考答案例〕

フリードマンを中心とするマネタリストは，「期待」の要因を導入してフィリップス曲線の物価と失業のトレードオフの関係は短期のみに成立し（短期フィリップス曲線），長期的には失業率は「自然失業率」と呼ばれる一定の水準にとどまり，物価と失業のトレードオフの関係は存在しないという「自然失業率仮説」を主張した．

いま短期フィリップス曲線を直線であらわせば $\pi = \pi_0 + \alpha(\mu - \mu_N)$ と書くことができる（π＝現実の物価上昇率，π_0＝期待物価上昇率，μ_N＝自然失業率，μ＝現実の失業率，$\alpha = \frac{\Delta\pi}{\Delta u} < 0$）．図43－1において短期フィリップス曲線 Pe_0，Pe_1，Pe_2，Pe_3 はそれぞれ期待インフレ率が π_0，π_1，π_2，π_3 の水準に対応して描かれている．いま，人々の期待インフレ率を π_0 と考え，失業解消のため拡張的な自由裁量的政策を採用したとする．この場合，生産物市場で超過需要が発生して物価が上昇すれば，各企業は自己の製品に対する需要が高まったと考えて，生産を増加しようとする．そこで企業は賃金を引き上げて雇用を増加する．これに対して，労働者はこのような物価水準の上昇を十分認識できないので，実質賃金が上昇したものと考えて労働供給を増加させる．この過程は，図43－1のA点から短期フィリップス曲線上のB点への移動によって示される．しかし，一定の時間の経過後，各企業は自己の製品価格だけが上昇したのではなく，原材料価格や一般物価水準も同じように上昇したことに気づく．同様に労働者も一般物価水準の上昇を知り，実質賃金の上昇は錯覚で名目賃金の上昇にすぎなかったことを悟る．この結果，企業は産出量，雇用量を元の水準に戻そうとし，労働者も労働供給量を減らす．しかし，この場合B点からA点に戻らずC点に移動することになる．というのは人々のインフレ期待は上方に修正されて π_1 パーセントとなり，賃金も π_1 パーセント上昇しないと元の実質賃金の水準を維持することができないからである．もし，政府があくまで失業率を $0U_N$ より低い $0U_1$ に抑えておきたいと考え，引き続き拡張的な自由裁量的政策を採用したとしよう．この結果，上述同様に経済の均衡点は $C \to D \to E$ へと移動し，物価水準はさらに高い π_2 パーセントまで上昇する．このような過程が繰り返されて，短期フィリップス曲線は右上方へ移動し続ける．

以上のように期待要因を導入することによって短期フィリップス曲線の右上方への継続的移動を理論的に説明することができたが，この結果，失業率を引き下げる目的で自由裁量的政策を採用しても，長期的には失業率は元の水準に復帰し，失業率は何も改善されな

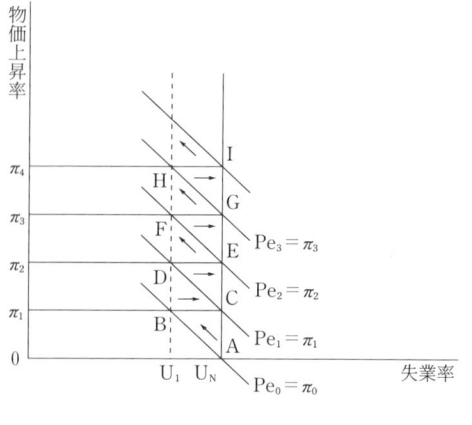

図43－1

いにもかかわらず物価はますます上方へ推移していくことになる．ここで，短期フィリップス曲線が右上方へ移動して，失業率が長期的に元の水準に復帰する失業率水準をとくに「自然失業率」といい，図43－1の0U_Nで示される．したがって，長期的には失業率は自然失業率水準上（0U_N）で一定であり，物価水準が上方に推移していくのであれば，長期フィリップス曲線はA，C，E，G，Iを通る垂直線となる．この自然失業率に対応した失業は，労働市場の構造的及び制度的要因（市場の不完全性，労働移動のコスト，求人・求職についての情報収集コスト，社会保障制度の充実など）に依存して生じる失業で，ケインズが救済しなければならなかった「非自発的失業」を含まず，自発的失業（現行の実質賃金で働く意思がない失業）と摩擦的失業（情報の不足や労働の移動が困難な場合に生じる失業）の合計であらわされる．そして，職業訓練所の改善や求人・求職についての情報利用可能性の増大などは，自然失業率を低める傾向をもち，反対に失業保険制度の充実などは，自然失業率を高めることになる．

　このような自然失業率の存在を想定する「自然失業率仮説」は，ケインジアンの自由裁量的政策は短期的に効果はあっても，長期的には失業率の改善には何ら寄与せず，物価水準のみ上昇させるので無効であると主張している．さらに，この「自然失業率仮説」は，インフレーションの進行と共に期待の重要性を認識させたことと，ケインジアンの理論が主として短期をみているのに対して，長期と短期を区別する必要性を認識させたことで高く評価されている．

第44講　合理的期待仮説

学習日　　月　　日

〔問　題〕
次の設問について説明しなさい．
(1) インフレ供給曲線とインフレ需要曲線を用いて，合理的期待形成学派の金融政策の無効性について説明しなさい．
(2) 合理的形成学派における財政政策の無効性について説明しなさい．

〈学習上の留意点〉

　ケインジアンは自由裁量的政策は長期的にも有効であるということを主張しています．これに対して，マネタリストであるフリードマンは自然失業率仮説（第43講）を提唱して，ケインジアンの自由裁量的政策は短期的には有効であるが長期的には無効であることを主張しました．他方合理的期待形成学派はマネタリストの主張をさらに先鋭化し，ケインジアンの自由裁量的政策は短期的にも無効であると主張しています．このようなマクロ経済政策における学派の対立は未だ決着しておらず，マクロ経済学の今日的状況を知る上で重要な事柄といえます．

　なお，文中で出てくる E は Expectation の略で，統計学でいう数学的期待値です．たとえば期待インフレ率 π が 5％になる確立が $\frac{1}{2}$，期待インフレ率 π が 10％になる確立が $\frac{1}{2}$ であるとすれば，$E\pi = \frac{1}{2} \times 5\% + \frac{1}{2} \times 10\% = 7.5\%$ になります．

　なお，合理的期待仮説は，「期待」という要因を真正面から経済分析の対象としてとりあげた点が高く評価され，1995年にルーカスがノーベル経済学賞を受賞しています．

〔参考答案例〕

(1) マネタリストによるケインジアンの自由裁量的政策に対する批判は，長期的な視野に立った議論であった．しかし，ルーカス，サージェント，ウォーレス，バローらの合理的期待学派と呼ばれる人たちは，マネタリストの主張をさらに先鋭化し，ケインジアンの自由裁量的政策は短期的にも無効であると批判し，「合理的期待仮説」を主張している．

マネタリストの場合，現実のインフレ率に対し期待インフレ率の形成に遅れがあることを主張の根拠にしているが，合理的期待仮説は期待形成に関して過去の傾向だけを参考にするのではなく，個々の経済主体がマクロ・モデルを予備知識としてもっており，現時点で入手可能なすべての情報を利用して合理的に予想を形成するという仮定を根拠にしている．すなわち合理的期待とは，「さまざまな情報を最も効率的に使用して形成される予想」のことをいう．たとえば，円の対ドル・レートが切り下がると予想すれば人々はより強い通貨に乗り換える（円からドルへ）だろうし，石油価格が上昇したという情報も円の対ドル・レートが切り下がるという予想を生み同じ行動を引き起こすであろう．そこで，合理的期待論者は，人々が経済構造に関する情報を持っているため，経済政策の影響をあらかじめ予想することが可能であり，その情報に基づいて合理的に行動するならば財政・金融政策の効果は消滅すると主張している．

いま，インフレ供給曲線（AS）とインフレ需要曲線（AD）を次のようにあらわす．

　　AS：$\pi = \pi e + \alpha(Y - Y_F)$ ……①
　　AD：$Y = Y_F + \beta(m - \pi)$ ……②

ここで π はインフレ率，πe は期待インフレ率，Y は国民所得，Y_F は完全雇用国民所得，m はマネー・サプライの増加率，α は価格の伸縮性の程度（$Y - Y_F$ に対するインフレ率の反応度が高いほど α の値は大きい），β はマネー・サプライの増加がどれだけ GDP を増加させるかを示す通貨乗数である．

期待インフレ率 πe が「合理的期待」にしたがって形成されるとすれば，期待インフレ率 πe は数学的期待値 E に等しくなるので，$\pi e = E\pi$ ……③となる．

次に①式の期待値をとり，インフレ率に関して合理的期待を仮定すれば，$E\pi = \pi e + \alpha(EY - Y_F)$ ……④となる．③式より $EY = Y_F$ ……⑤となり，実質 GDP は完全雇用水準と等しくなる．

同様に②式の期待値をとり，インフレ率に関して合理的期待を仮定すれば，$EY = Y_F - \beta(Em - E\pi)$ より，$E\pi = Em - \frac{1}{\beta}(EY - Y_F)$ となり，この式に③⑤式を代入すると $\pi e = E\pi = Em$ ……⑥になり，期待インフレ率は予想マネーサプライ増加率 Em に一致することになる．

いま経済が図44－1の E_0 点にあるとする．ここでは $Y = Y_F$，$\pi = \pi e = m = 0$ が成立している．ここで，金融当局がマネー・サプライ増加率を m_0 から m_1 に増加したとしよう．すると，インフレ総需要曲線は m_0 から m_1 だけ AD_0 から AD_1 へと上方にシフトする．人々のインフレ

期待が π_0 で変わらないとすればマクロ経済は E_1 点に移り，実質GDPは増加するのであるが，インフレ期待が合理的に形成されているので⑥式より $\pi e = Em_1$ より，期待インフレ率は予想マネー・サプライ増加率と等しくなるように，インフレ供給曲線は AS_0 から AS_1 へと左方へシフトし，経済は E_2 点で均衡することになる．E_2 点においては，$Y = Y_F$, $\pi = \pi_1 = m_1$ が成立している．すなわち，金融当局の金融緩和策は合理的期待形成により，現実のGDPは最初と変わらず完全雇用水準にとどまったままになってる．しかし，インフレ率は π_0 から π_1 に高まり，金融緩和政策はインフレーションを加速させるだけの結果となる．

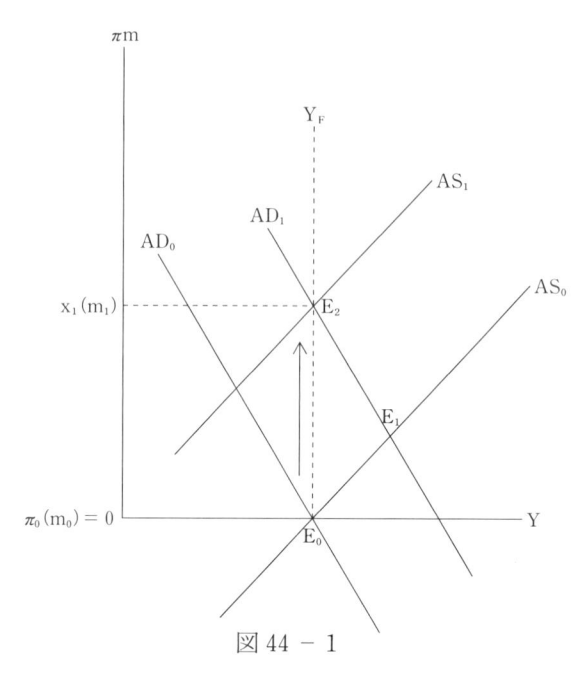

図44−1

(2) 政府支出の増加を国債発行によって賄う場合，国債に対する人々の反応が重要になる．国債は政府の借金であるから，毎期一定の利息を支払い満期に額面価格で償還しなければならない．そこで「合理的」な人々は，その利子支払い及び償還が将来の増税によって賄われることを予想し，将来の可処分所得の減少に備えて消費を抑制し，逆に貯蓄を増加させる．この結果，財政赤字による景気促進効果は民間消費の減退によって相殺されてしまうのである．すなわち，財政政策を発動しても総需要は変化せず，財政政策の効果は短期的にも無効となる（ただし，財政政策の効果は均衡予算乗数の効果はある）．

このように合理的期待仮説は，自由裁量的政策のように形成過程がすでに計算に入れられているものは経済活動を左右できないという意味で，財政・金融政策は短期的にも無効であると主張している．このことは逆に，財政・金融政策が効果を持つのは，政策当局が人々の予想を裏切る騙し討ちのような政策をとったときだけであり，景気変動が起こるのは大地震や干魃のような予想できない要因があった場合だけであるということを意味する．

第45講　外国為替相場

学習日　　月　　日

〔問　題〕
　外国為替相場市場（ここでは外貨建）における外国為替相場の決定について検討し，需給両曲線の移動要因について説明しなさい．

〈学習上の留意点〉

　国際貿易，国際収支，外国為替相場にかかわる問題は通常マクロ経済学の分野で取り扱われます．ただし外国為替相場の決定に関する分析は市場分析であり，ミクロ経済学における伝統的な分析用具に他なりません．

　自国通貨と外国通貨との交換比率を「外国為替相場」と呼んでいます．日本では，1ドル＝100円というように，外国通貨1単位に対する自国通貨の単位数でもって交換比率をあらわす「邦貨建て（円建て）」が使われています．これに対して，1円＝0.01ドルというあらわしかたを「外貨建て」と呼びます．「邦貨建て（円建て）」の場合は慣れていますが，「外貨建て」の場合にはとまどうことがありますので，説明できるようにして下さい．また，需要・供給量の変化と需要・供給曲線の変化との違いを把握して下さい．

　外国為替相場を決定する要因として，経常収支（貿易・サービス収支＋所得収支＋経常移転収支）と資本収支（投資収支＋その他資本収支）がありますので，両方とも触れて下さい．国際収支には色々な項目がありますので，この機会に合わせて把握して下さい．外国為替相場は日本経済と密接な関係がありますので，急激な円高や円安が起こった時期には要注意の課題といえます．

〔参考答案例〕

　外国為替相場とは自国通貨の対外価値を示す尺度であり，自国通貨と外国通貨との交換比率である．現在一般的な対外決算手段として用いられる世界通貨はアメリカのドルであるから，事実上外国為替相場とは自国通貨の円とドルとの交換比率をさす．

　外国為替市場は，円という財貨の対外価値すなわち円の市場価格を決定する場であるから，その価格を外国通貨ドルで示すことができる．そこで図45－1の縦軸に邦貨のドル価格，つまり1円当りドル（これを外貨建という）を示す．原点0から離れるほど円の価格が上昇したことになるから，通貨としての円の対外価値が文字通り上昇し，それに対しドルの通貨価値は下落したことになる．そこで図45－1のD曲線は円に対する需要曲線を示し，それは日本製品の輸出によって形成される．なぜなら日本の輸出業者は輸出代金をドル為替で受取り，それを外国為替市場で円に交換する必要があるからである．そこに円に対する「需要」が生まれる．他方円の供給曲線は外国製品の輸入によって構成される．なぜなら，日本の輸入業者はドル為替で外国の輸出業者に代金を支払わねばならず円を供給しドルと交換する必要があるからである．円も通常の財貨と基本的に何ら異ならないから，図45－1に通常の右下り需要曲線と通常の右上り供給曲線を描いている．したがって両曲線はいずれかの点で交差する．E点が通常の財市場と同様に「均衡点」に他ならない．現在外国為替相場は「変動為替相場制」を採用しており，相場は原則的に自動的な市場の調整作用に委ねられており，座標上均衡相場が一義的に達成される．図45－1においてそれは1円当り1.00セントであり，邦貨建で示すと1ドル100円である．もっとも実際の需要曲線は輸出によってのみ構成されるわけではない．国際収支の主要な項目は財の輸出入を扱う「貿易収支」と輸送・建設・特許料・観光旅費等に関連する「サービス収支」，それに株式・債券などの「資本収支」とがある．このうち輸出と並んで円に対する需要を形成する重要な項目は資本収支のうち資本流入であり，日本への海外からの投資・借入金・外債発行による資金調達等であり，これらが円への需要曲線を構成してゆく．同様に輸入と並んで資本流出は円の供給曲線を構成してゆくわけである．ここでは理解を容易にするために，貿易収支のみを考慮している．

　上述のごとく座標上の外国為替相場の均衡は一義的に求められ安定的に推移するが，現実の外国為替相場はかなり可変的である．それは作図上設定された「与件」が現実の市場では常に変動する傾向があるからである．つ

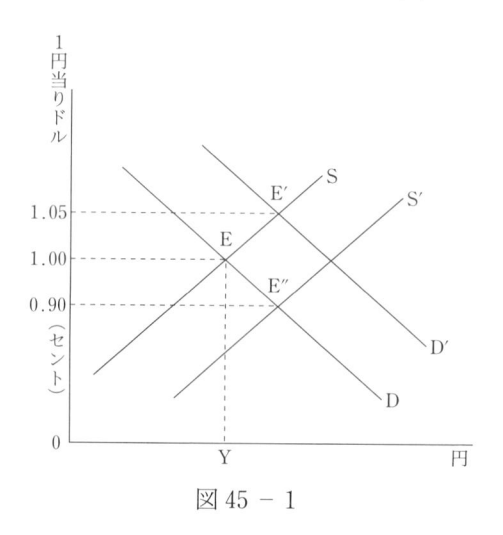

図45－1

まり座標上ある位置に円に対する需要曲線を描くというのはいまある「一定の輸出」があり，その一定の輸出にかかわる「一定の潜在的円需要」があり，その潜在的円需要が実際にどの程度市場にあらわれるかは外国為替相場に基づくという想定が働いているからである．したがって外国為替相場の変動に伴って生ずる需要曲線上の変化は一定の潜在的円需要の範囲内の変化であり，それは「需要量の変化」に他ならない．供給曲線上の変化も同様に外国為替相場の変動に伴う「供給量の変化」を意味しているのである．ところが現実の外国為替相場市場においては外国為替相場と離れて輸出そのものが増加したり減少したりする部分がある．輸入も同様である．これらはすでに一定の輸出入という与件の変化であるから，需要・供給曲線自体の移動を実現する．したがって輸出が増加した場合図45－1におけるように需要曲線 D は D′へと右側へ移動し，均衡点は E から E′へと移動して，相場は1円当り1.05セント（1ドル当り95円）へと上昇するのである．世間一般でいうところの輸出の増加が円の為替相場を引き上げるとはこのことを指しているのである．同様に輸入が増加すると円の為替相場が下落するというのも供給曲線 S が S′に移動することでもって説明されるのである．それでは輸出を決定する主要な要因は何か．外国の所得水準と日本製品に対する選好の変化である．輸出は輸出先市場の財の購買力（国民所得）が上昇すれば増大する．またたとえ国民所得が一定でも，日本製品に対する選好が何らかの理由で高まった場合，日本の輸出が増大する．したがってこれら要因が働くと，外国為替相場の需要曲線は右側に移動し，円の為替相場が上昇し，ドルの為替相場が下落するのである．他方日本の輸入に関する要因は上記の理論を逆転することによって理解される．つまり外国製品の日本への輸入は基本的に国内国民所得水準に依存して決まる．また何らかの理由で外国製品への選好が強まれば輸入が増大しよう．図45－1において輸入に基づく円の新たな供給増加は供給曲線 S の S′への移動として示すことができる．需要を一定として円の為替相場は1.05セントから E″点に対応する0.90セント（邦貨建で1ドル105円）へと下落するのである．

第46講　Jカーブ効果

学習日　　月　　日

〔問　題〕
　円高ドル安が必ずしも日本の対米経常収支黒字の削減につながるとは限らない．その理由を説明しなさい．なお，外国為替相場は邦貨建て（円建て）とする．

〈学習上の留意点〉

　以前より少なくなったとはいえ日本の貿易収支の黒字は大きく，貿易摩擦の大きな原因になっています．第45講で説明したように，輸出が増加すれば円の為替相場が上昇し，輸出減・輸入増を招くので貿易収支の黒字は減少するはずです．しかし，日本の場合このような状況になっていない理由を言及して，Jカーブ効果を図解することにポイントがあります．結論では，短期の外国為替相場は資本移動によって決められ，長期的には経常収支によって影響を受けていることを明示して下さい．

　なお，「邦貨建て（円建て）」の場合は，供給曲線が右方にシフトすると円高ドル安になりますので，第45講と反対になる事を把握して下さい．

第46講 Jカーブ効果

〔参考答案例〕

　外国為替相場とは自国通貨の対外価値を示す尺度であり，自国通貨と外国通貨の交換比率である．図46－1の縦軸に1ドル当たり円を示す．原点から離れるほど円の為替相場が下落したことになるから，ドルの為替相場は上昇したことになる．図46－1のD線はドルに対する需要曲線を示し，それは外国商品の輸入によって構成されている．D線が右下がりになっているのは，ドルの為替相場が相対的に安くなるにしたがって外国商品の輸入が増加するのでドルに対する需要が増加することを意味している．また，S線はドルに対する供給曲線を示し，それは日本商品の輸出によって構成されている．S線が右上がりになっているのは，ドルの為替相場が相対的に安くなるにしたがって日本商品の輸出が減少するのでドルに対する供給が減少することを意味している．

　均衡為替相場は，ドルに対する需要と供給が一致するE点で決定される．現在外国為替相場は「変動為替相場制」を採用しており，相場は自動的な市場の調整作用に委ねられており，均衡為替相場が一義的に達成される．図46－1においてそれは1ドル当たり100円である．もっとも実際の需要・供給曲線は輸出入によってのみ構成されるわけではない．国際収支の主要な構成は財の輸出入を扱う「貿易収支」と資本の流出入を扱う「資本収支」であるが，ここでは理解を容易にするため貿易収支にポイントを置いている．

　図46－1に示されているように，外国為替相場の均衡は一義的に求められて安定的に推移するが，現実の外国為替相場はかなり可変的である．現実の外国為替相場市場においては相場と離れて輸出・輸入そのものが増加したり減少したりする部分がある．したがって輸出が増加すれば，図46－1のように供給曲線SがS'にシフトし均衡点はEからE'へシフトし外国為替相場は1ドル当たり90円へと上昇するのである．世間一般でいうように輸出の増加が円の為替相場を引き上げるというのはこのことを指していうのである．

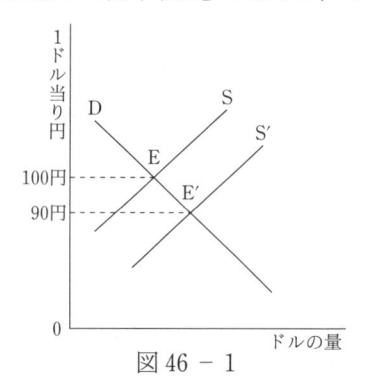

図46－1

　ところで，円の為替相場の上昇は輸出減，輸入増を招き経常収支の減少が期待されるはずである．しかし，現実には外国為替相場が急速に円高の方向に動いているのに，経常収支はここ数年連続して黒字を記録している．これは，外国為替相場に変化が起きても，短期間では輸出量や輸入量が速やかに調整されるとは限らないからである．このような要因としては次のようなことが考えられる．①輸出契約が長期契約に基づいている場合には，契約数量やドル契約価格はすぐには変更できないので輸出量はすぐには減少しない．②日本のように原材料輸入が総輸入に占める割合が大きい国では原材料価格が安くなったとしても，輸入量が急増せず全体的

な円高の輸入増大効果は少ないといえる．③円高が進行すれば輸出価格が高くなるが，原材料の輸入価格が安くなった分輸出価格を下げることができるので，輸出量が減少しない．④海外物価の上昇による円レート上昇効果の相殺．⑤輸出数量減によるデフレ効果で輸入が減少する．

このように貿易収支調整効果の相殺効果が複雑にからみあうので，変動為替相場制は貿易収支を調整するにはかなり時間を要することは否定できない．特に短期的には，円高にもかかわらず経常収支の黒字はかえって増加し，時間の経過とともに円高の影響が浸透して経常収支が悪化していくことが実際に観察されている．このような経常収支の動きは図46－2のようにJの字の形をしていることから「Jカーブ効果」と呼んでいる．しかし，最初にあらわれたJカーブ効果が終わって赤字要因になる頃には，次の円高によるJカーブ効果があらわれてこれを相殺し，余って黒字になり……という過程が続いている．このように円高がもたらすJカーブ効果によって，経常収支の黒字が増加すると，それを反映してさらに円高が進行する可能性

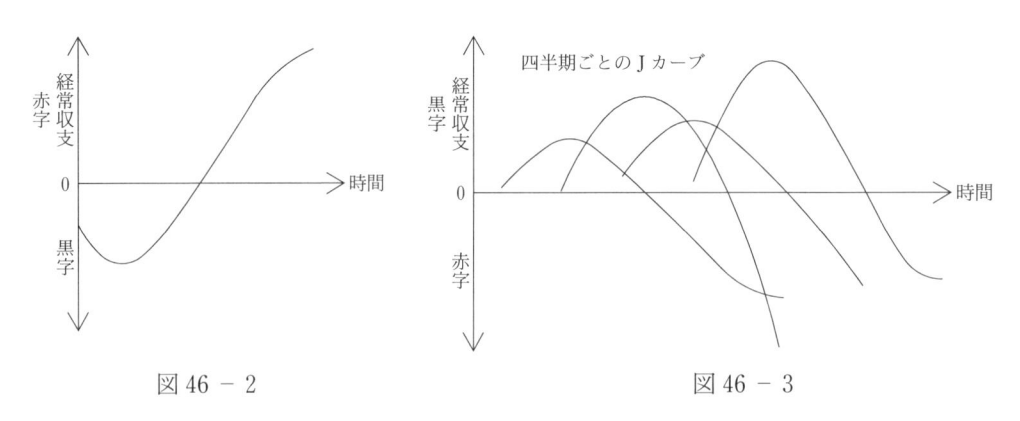

図46－2

図46－3

がある．この場合，Jカーブ効果が次々とあらわれて，外国為替相場の国際収支調整機能が発揮できない状況を示したものが図46－3である．

いずれにせよ，変動為替相場制の歴史は外国為替相場の対外不均衡調整能力が期待されたほど高くなく，日本やドイツの黒字体質，アメリカやその他ヨーロッパ諸国の赤字体質が変動為替相場制だけではいっこうに改まらないことが明瞭になってきた．その主な理由として，世界の資本市場が統合化されてきたために資本移動が活発になってきたことがあげられる．しかも資本は経常収支の動向といったフローにくらべると量的にかなり大きいため，短期の外国為替相場はほぼ資本移動によって決められ，長期的には経常収支によって影響を受ける状態になっている．また，Jカーブ効果のうち黒字効果は短期の効果であり，赤字効果がかなり長期にわたって作用し続けるので，円高が無限大に進行しない限りJカーブ効果の赤字効果が黒字効果を上回るはずであり，日本の経常収支も縮小に向かう．

第47講　マンデル・フレミング理論

学習日　　月　　日

〔問　題〕

変動為替相場制において，自国の物価水準は固定的，小国の仮定，外国為替相場の変動に関しては「静学的予想」の仮定のもとで，資本移動が不完全な場合の財政・金融政策の効果を次の設問について説明しなさい．

(1) 資本移動が比較的スムースな場合（国際収支均衡線BPの勾配がLM曲線の勾配よりも緩やか）と資本移動が比較的硬直的な場合（国際収支均衡線BPの勾配がLM曲線の勾配よりも急）の財政政策について説明しなさい．

(2) 資本移動が比較的スムースな場合（国際収支均衡線BPの勾配がLM曲線の勾配よりも緩やか）の金融政策について説明しなさい．

〈学習上の留意点〉

1999年度のノーベル経済学賞を受賞したのは，コロンビア大学のロバート・マンデル教授でした．日本経済新聞では，「IS・LM分析を開放経済に適用し，為替制度の相違ならびに資本取引規制の有無によって財政政策と金融政策の効果が異なることを示した業績によりノーベル賞が授与された」と解説していました．この理論はフレミング氏（すでに死亡している）の名前とともに「マンデル＝フレミング・モデル」と総称されています．

設問のように資本移動が伸縮的な場合の財政・金融政策と，資本移動が完全伸縮的な場合の財政・金融政策という問題があります．資本移動が完全伸縮的な場合の財政・金融政策は下図のようになりますので，説明できるようにして下さい．

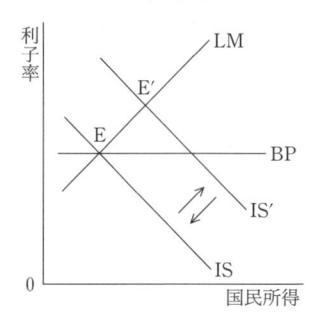

資本移動が完全伸縮的なケースにおける財政政策の効果
図47－1

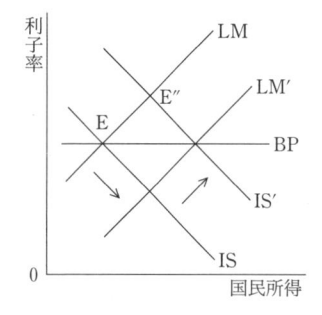

資本移動が完全伸縮的なケースにおける金融政策の効果
図47－2

〔参考答案例〕

(1) 国際間で財・サービスや資本取引が行なわれ、外国為替相場の変動がみられる経済においては、政府・中央銀行の実施する財政政策や金融政策の景気調整効果も対外経済の動きに影響を受ける。ここで、「小国の仮定」とは自国の経済活動は外国の所得・生産及び物価や利子率の水準に何ら影響を与えないものとする。さらに外国為替相場の変動に関しては「静学的予想」を仮定するということは、外国為替相場の変動による為替差損・差益をゼロとみなすことを意味する。

また、生産物市場、貨幣市場、国際収支を満たす国民所得と利子率は以下の条件式によるものとする。

IS曲線：$Y=C(Y)+I(i)+G+EX(e)-IM(Y, e)$

LM曲線：$\dfrac{M}{P}=L_1(Y)+L_2(i)$　　$\dfrac{\Delta L_1}{\Delta Y}>0$，$\dfrac{\Delta L_2}{\Delta i}<0$

BP線　：$BP=X(e)-M(Y, e)+F(i-i^*)=0$

ここで、Y は国民所得、C は消費、I は投資、G は政府支出、X は輸出、M は輸入、$\dfrac{M}{P}$ は実質貨幣量、L_1 は貨幣の取引需要、L_2 は貨幣の資産需要、F は資本収支、i は自国利子率、i^* は外国利子率、e は外国為替相場、BP は国際収支均衡線である。なお、BP線の上方は国際収支黒字、BP線の下方は国際収支赤字になっている。

いま、図47-3の E_0 点において国民所得 (Y) が増加した場合を考えてみよう。この時利子率が i^* で一定にとどまっていれば、BP線の下方に位置するため経常収支は悪化し（輸入増のため）赤字になってしまう。この赤字を相殺するためには、利子率を上昇させて資本収支を改善させる必要がある。したがって、BP線は図47-3のように右上がりで描かれ、資本移動が比較的スムースな場合はBP線の勾配は緩やかになり、資本移動が比較的硬直的な場合にはBP線の勾配は急になる。

いま、資本移動が比較的スムースな場合（BP線の勾配がLM曲線の勾配よりも緩やか）を考えてみよう。生産物市場、貨幣市場、国際収支は図47-3の E_0 において均衡しており、このときの国民所得 Y_0 は完全雇用国民所得 Y_F より低い水準にあるものとする。この場合、完全雇用達成のため拡張的な財政政策が行なわれたとすると、IS曲線は IS_0 から IS_1 へシフトし均衡点は E_0 から E_1 点へ移動する。E_1 点はBP線より上方にあるため国際収支は黒字になる。このため外国為替相場は円高・ドル安となり、輸出が減少し輸入が増加するので、IS曲線が左下方にシフトする。これは経常収支の赤字化を意味するので、国際収支を均衡させるために資本収支の黒字化、すなわち海外からの資本流入を引き起こすため利子率を上昇させる。この結果BP線は左上方

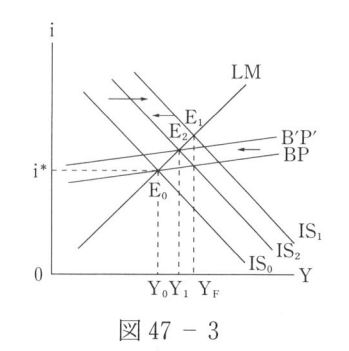

図47-3

にシフトする．そして，新しい均衡点は E_2 になり均衡国民所得は Y_1 に到達する．これらの効果は財政政策の効果を弱めるが，財政政策は有効である．

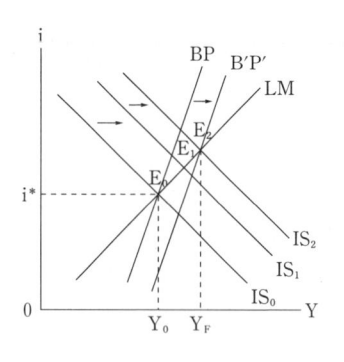

一方，資本移動が比較的硬直的な場合（BP 線の勾配が LM 曲線の勾配よりも急）はどうであろうか．生産物市場，貨幣市場，国際収支は図 47-4 の E_0 において均衡しており，このときの国民所得 Y_0 は完全雇用国民所得 Y_F より低い水準にあるものとする．この場合，完全雇用達成のため拡張的な財政政策が行なわれたとすると，IS 曲線は IS_0 から IS_1 へシフトし均衡点は E_0 から E_1 点へ移動する．E_1 点は BP 線より下方にあるため国際収支は赤字になる．このため外国為替相場は円安・ドル高となり，輸出が増加し輸入が減少するので，IS 曲線はさらに右上方にシフトする．これは経常収支の黒字化を意味するので，国際収支を均衡させるために資本収支の赤字化，すなわち海外へ資本流出を引き起こすため利子率を下落させる．この結果 BP 線は右下方にシフトする．そして，新しい均衡点は E_2 になり均衡国民所得は Y_F に増加するので，財政政策は資本移動が比較的スムースなケースよりも一層効果がある．

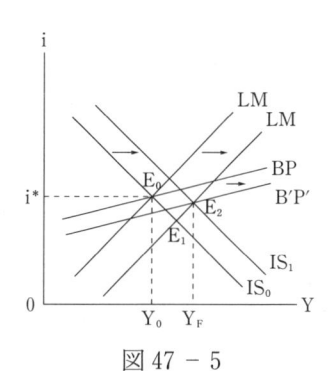

図 47-4

(2) いま，生産物市場，貨幣市場，国際収支は図 47-5 の E_0 において均衡しており，このときの国民所得 Y_0 は完全雇用国民所得 Y_F より低い水準にあるものとする．この場合，完全雇用達成のために金融政策が行なわれたとすると，LM 曲線は図 47-5 のように LM_0 から LM_1 にシフトし，IS 曲線との交点 E_1 で交差する．この均衡点 E_1 点は BP 線より下方にあるため国際収支は赤字になる．このため外国為替相場は円安・ドル高となり，輸出が増加し輸入が減少するので，IS 曲線はさらに右上方にシフトする．これは経常収支の黒字化を意味するので，国際収支を均衡させるために資本収支の赤字化，すなわち海外へ資本流出を引き起こすため利子率を下落させる．この結果 BP 線は右下方にシフトする．そして，新しい均衡点は E_2 になり均衡国民所得は Y_F に増加するので，金融政策は有効である．

図 47-5

第48講　総需要曲線と総供給曲線

学習日　　月　　日

〔問　題〕
次の設問について説明しなさい．
(1) 総需要曲線 AD を IS・LM 曲線から導出しなさい．
(2) ケインジアンの名目賃金を硬直的とした場合の総供給曲線 AS を導出しなさい．
(3) デフレーションのメカニズムを総需要曲線と総供給曲線を使って説明しなさい．また，デフレーションになるとどのような弊害が生ずるかを説明しなさい．

〈学習上の留意点〉

　総供給曲線 AS については，古典派とケインジアンとの違いについても把握しておく必要があります．古典派は労働市場において賃金，物価が完全に伸縮的であるならば，労働市場において図 48 − 1 のように労働需要曲線と労働供給曲線の交点において賃金と労働量が決定され，その賃金で働きたい人は全て雇用される結果失業が存在しないというものです．したがって，労働の需給が実質賃金に基づいて速やかに調整される状態では，物価水準に関わらず完全雇用が達成され，総供給曲線 AS は図 48 − 2 のように完全雇用国民所得水準（YF）のところで垂直線になります．

　これに対して，ケインジアンは賃金や物価水準は短期的には固定的であると主張しました．賃金が硬直的な場合は，参考答案例で説明したものです．これに対して物価水準が完全雇用国民所得水準に至るまで一定としたときは，図 48 − 3 のように総供給曲線 AS は完全雇用国民所得水準まで水平になります．

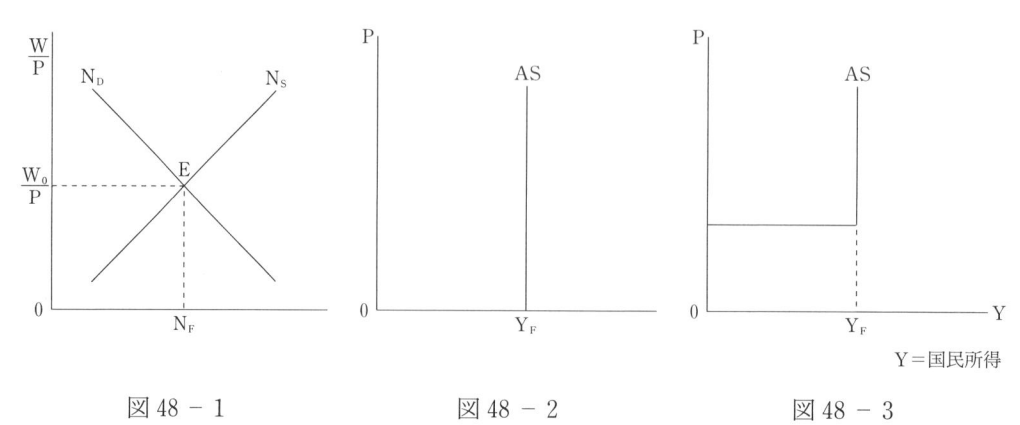

図 48 − 1　　　　図 48 − 2　　　　図 48 − 3

Y＝国民所得

〔参考答案例〕

(1) 総需要曲線 AD とは，経済全体の財・サービスに対する需要と物価水準との関係を示しものである．これは，IS 曲線と LM 曲線を用いて導出することができる．外国貿易を捨象すると IS 曲線は，$Y=C(Y_d)+I(i)+G$ で示される．ここで，Y＝国民所得，Y_d＝可処分所得，I＝投資，i＝利子率，G＝政府支出で，それぞれ名目値を物価水準で割った実質値とする．一方，LM 曲線は実質値で示すと，$\frac{M}{P}=L_1(Y)+L_2(i)$ となる．ここで，$\frac{M}{P}$ は名目マネーサプライ M を物価水準 P で割った実質マネーサプライであり，L_1 は取引需要，L_2 は投機的需要である．

図 48-4 に名目マネーサプライを一定として，物価水準が P_0 のもとで IS 曲線を IS_0，LM 曲線を LM_0，均衡点を E_0 とする．いま物価水準が P_0 から P_1 に下落したとする．この下落は実質マネーサプライを増大させるため，LM 曲線は $LM_0 \to LM_1$ にシフトし，新しい均衡点は $E_0 \to E_1$ へと移動する．したがって，物価水準が P_0 から P_1 に下落したことによって，国民所得は Y_0 から Y_1 に拡大したことがわかる．このような図 48-4 の均衡点 E_0，E_1 における物価水準と国民所得の関係を，図 48-5 に移しかえると総需要曲線 AD が描ける．この曲線が右下がりになるのは，物価水準の下落が実質マネーサプライの増加をもたらして利子率の下落を招き，その結果投資が刺激されて乗数効果によって国民所得が増加するからである．

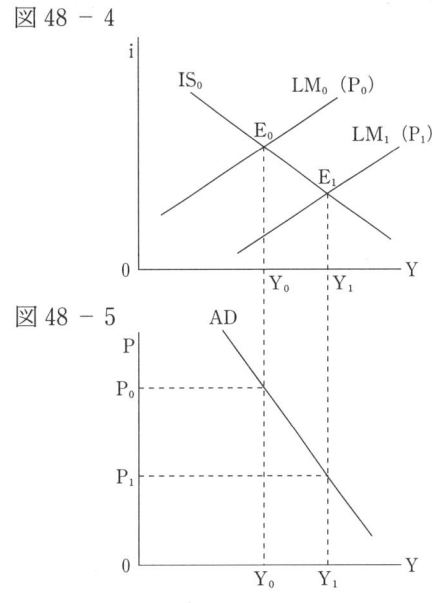

(2) 総供給曲線 AS とは，経済全体の財・サービスに対する供給と物価水準との関係を示しものである．ケインジアンは賃金の下方硬直性を主張している．物価水準が低いときは，実質賃金が高い水準にあり，物価水準が高いときは，実質賃金が低い水準にあるので，物価水準と実質賃金は図 48-6 の第 II 象限のように左下がりになる．賃金の下方硬直性のため，失業が存在しても名目賃金は下がらないため実質賃金が低下すると雇用量は増大していくので，実質賃金と雇用量の関係は図 48-6 の第 III 象限のように右下がりになる．雇用量が増加すれば生産関数を媒介として国民所得は増加していくので，雇用量と国民所得との関係は図 48-6 の第 IV 象限のように右下がりになる．ここで物価水準が P_0 のときは実質賃金は $\frac{W_0}{P_0}$ となり，実質賃金が $\frac{W_0}{P_0}$ のときは雇用量は N_0 となる．雇用量が N_0 のとき国民所得は Y_0 となる．この結果物価水準 P_0 と国民所得 Y_0 の関係は図 48-6 の第 I 象限の A 点となる．同様に $P_1 \to \frac{W_1}{P_1} \to N_1 \to Y_1$ となり，物価水準 P_1 と国民所得 Y_1 の関係は図の第 I 象限の B 点となる．この A 点と B 点

図48－6

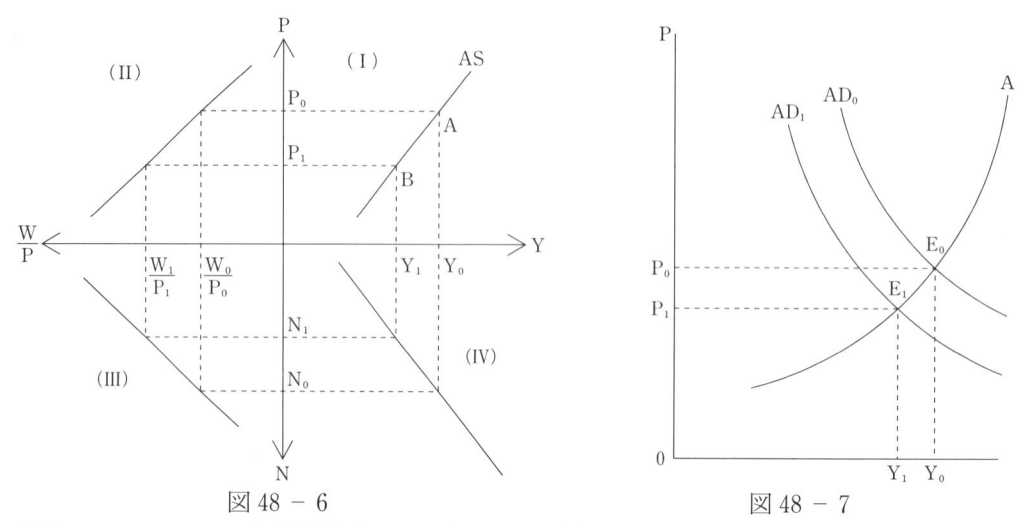

図48－7

を結ぶことによって総供給曲線 AS は右上がりに描くことができる．

(3) 現在の日本経済は平成不況が続いており，消費が低迷したり投資が減少している．この結果，図48－7のように総需要曲線は AD_0 から AD_1 のように左下方にシフトする．その結果，マクロ経済の均衡点は E_0 点から E_1 点に移り，実質国民所得（GDP）の水準は Y_0 から Y_1 に低下することになる．これに伴い，物価水準は P_0 から P_1 へ下落する．このように国民所得が減少し物価が下落することをデフレーションという．

企業にとって物価水準が低下するということは収益の減少をもたらすので，労働者を解雇しなければいけない状態に追い込まれる．失業者が増加すると財がさらに売れなくなり消費が低迷する．そこで企業はさらに価格を下げなければ財が売れなくなり，企業の倒産，労働不安が起こり，経済・社会秩序が混乱するおそれがある．また，住宅ローンを抱えている家計や設備投資で借金をしている企業は，実質的な債務の増大によって借金が返せなくなり，自己破産や倒産する企業がたくさんでてくるという弊害がある．

第49講　財政・金融政策と物価水準

学習日　　月　　日

〔問　題〕
　ケインジアンの主張する財政・金融政策の有効性を物価水準の変動も考慮して説明しなさい．

〈学習上の留意点〉

　財政政策と金融政策の有効性を第38，41，42講でIS・LM分析を使って説明しましたが，設問では「物価水準を考慮する」ことから，総需要曲線ADと総供給曲線ASを用いた分析が必要になります．IS・LM分析とAD・AS分析をうまく図で対比しながら説明することにポイントがあります．

　特に名目賃金が硬直的な短期においては，総供給曲線ASはシフトしないということを頭に入れておいて下さい．総供給曲線ASがシフトするのはオイルショックのように原油価格が騰貴したときは左上方にシフトしますし，技術革新によって原材料が安くなった場合は右上方にシフトしますが，財政・金融政策によって総供給曲線ASは短期に変化することはありません．したがって，財政・金融政策によってシフトするのは総需要曲線ADのみであることを把握して下さい．前述のようにオイルショックにより原油価格が騰貴したとき総供給曲線ASが左上方にシフトしますがこれを図解すれば，コスト・プッシュ・インフレーションの説明になることも確認して下さい．

第49講 財政・金融政策と物価水準

〔参考答案例〕

　ケインジアンは，名目賃金は完全雇用までは一定であり，それ以後は伸縮的に変化するものと仮定している．このように名目賃金が硬直的な場合には，総供給曲線 AS は一般の総供給曲線と同じく右上がりの形になる．つまり，名目賃金が W の水準で一定のとき，物価水準 P が上昇すれば実質賃金 $\frac{W}{P}$ は低下する．この結果企業は労働力を増加させ総生産量の拡大をはかるので，マクロ生産関数より総生産量が拡大し国民所得が増大するからである．名目賃金が硬直的な状態のもとでは，総供給曲線 AS は動かず，市場メカニズムの働きによって完全雇用を実現することは不可能である．したがって政府の総需要拡大策が必要になるのである．

　いま，政府が国債の市中消化によって資金を賄い財政拡大政策を実施したとすると，図49-1のように政府支出の増加によって IS 曲線は IS_0 から IS_1 へ右上方にシフトする．ここではマネー・サプライが一定なので LM 曲線はシフトしない．また，政府支出の増加によって総需要は増加し，国民所得が増加するため総需要曲線は AD_0 から AD_1 へ右上方にシフトする．物価水準が当初の P_0 のままであれば，E_1 点において国民所得は Y_1 の水準に決まる．しかし，E_1 点では生産物市場で $Y_1 - Y_0$ の超過需要が起こり，物価の上昇がはじまる．この物価水準は実質貨幣供給量 $\frac{M}{P}$ を減少させるため，LM 曲線は $LM_0(P_0)$ から $LM_1(P_1)$ の方向へ左上方にシフトする．したがって，利子率は上昇し民間投資が抑制されるので，国民所得の水準は Y_1 から減少する．これは図49-1の IS 曲線及び AD_1 曲線に沿った E_1 から E_2 への動きであ

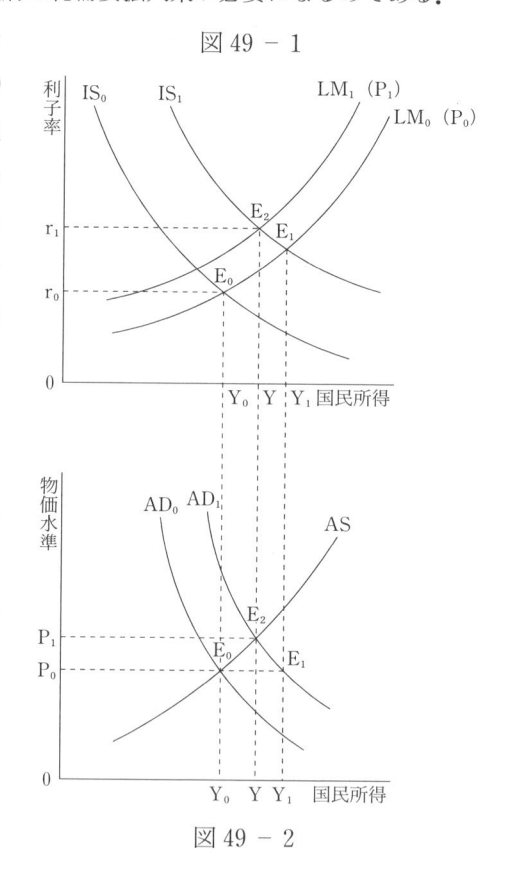

図 49-1

図 49-2

らわされる．その結果，物価上昇は財・サービスの超過需要が無くなるところまで続き，政府支出の増加より，物価水準は P_0 から P_1 へ上昇し，利子率も i_0 から i_1 へ上昇するが国民所得は Y_0 から Y_1 に増加するので財政政策は有効である．

　それでは，総需要の拡大をめざして金融緩和政策を実施した場合はどうであろうか．買いオペレーションなどの金融政策によってマネー・サプライが増加すると図49-3のように LM 曲線は $LM_0(P_0)$ から $LM_0'(P_0)$ の方向へ右下方にシフトし，利子率が低下する．この利子率低下によって投資が増大するため，図49-4の総需要曲線も AD_0 から AD_1 に右上方にシ

フトする．しかし，E_1点では生産物市場ではY_1-Y_0の超過需要が起こり，物価の上昇がはじまる．この物価上昇は実質貨幣供給量$\frac{M}{P}$を減少させるため，LM曲線は$LM_0'(P_0)$から$LM_1(P_1)$の方向にシフトする．したがって，利子率は上昇し民間投資が抑制されるので，国民所得の水準はYに低下する．これは図のIS曲線およびAD_1曲線に沿ったE_1からE_2への動きであらわされる．この結果，物価上昇は財・サービスの超過需要がなくなるところまで続き，政府支出の増加により，物価水準はP_0からP_1へ上昇する．しかし，利子率についてはi_0からi_1に低下し，最終的に国民所得はY_0からYに増加するので金融政策は有効である．

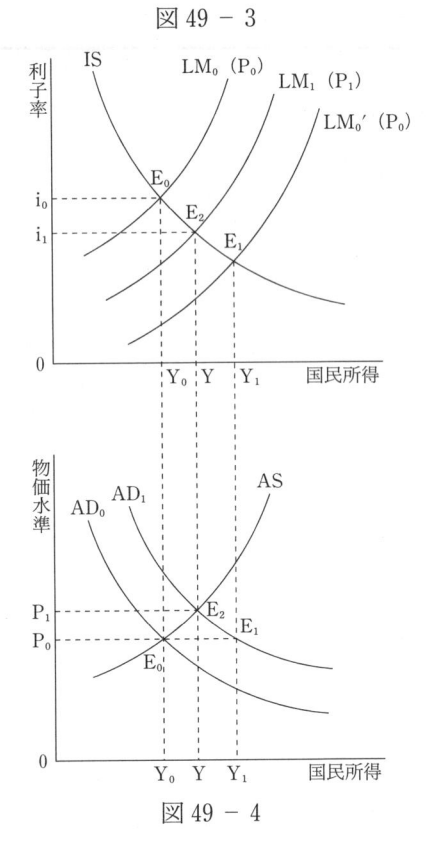

図49－3

図49－4

第50講　経済成長理論

学習日　　月　　日

〔問　題〕
　日本の経済成長に貢献したと思われる要因について，ハロッド・ドーマーの成長理論から説明しなさい．

〈学習上の留意点〉

　日本の経済成長の要因は，貯蓄率の高さにあると指摘されています．このことを証明する理論として，ハロッド・ドーマーの成長理論があります．この場合，ハロッドとドーマーの理論を分けて説明することが必要です．ハロッドの場合は「資本係数」，ドーマーの場合には「資本生産性」にポイントを置き，各々の成長条件の式を書けるようにしておいて下さい．

　なお，ハロッドは現実成長率，保証成長率，自然成長率という3つの成長概念を用いて，短期及び長期の経済変動を明らかにし，経済の成長経路は不安定である（ナイフ・エッジ定理）ことも説明していますので，この機会に勉強して下さい（学習ガイダンスの参考書5のp.316～p.319を参照して下さい）．

〔参考答案例〕

　ハロッド・ドーマーの成長理論がケインズの短期理論と違うのは，ケインズ理論が投資を単に「投資需要」として扱ったのに対し，成長理論はより長期的観点から投資の「生産能力増強効果」を強調した点にある．確かに短期的にみれば投資はその実行時点において投資財に対する需要を形成するが，長期的にはその完成時において具体的な生産設備，つまり新規の生産力としてあらわれるわけである．そうであれば，新規の生産力が新規に生み出す生産物に対する需要を考慮しなければ，長期的需要と供給との均衡成長は達成されないことになる．

　ハロッドの成長モデルにおいて新たに導入された重要な概念の1つは，「資本係数」すなわち「資本・産出比率」である．これは一定の所得増加分 ΔY とそれを生み出すために必要な資本の増加分 ΔK との比率で，$v=\dfrac{\Delta K}{\Delta Y}$ とあらわすことができる．投資 I は資本の増加分によって可能となるから，$I=\Delta K$ である．また所得の増加分，したがって需要の増加分は前期の所得 Y_{t-1} と今期の所得 Y_t との差に他ならない．そこで今期において必要とされる投資 I は，

$$I=v(Y_t-Y_{t-1}) \quad \cdots\cdots ①$$

である．均衡成長のためには $I=S$ であり，貯蓄 S は所得（Y_t）の増加関数であるので，

$$S=s(Y_t) \quad \cdots\cdots ②$$

によって決定される．ここで s は限界貯蓄性向である．そこで①②の式から，

$$v(Y_t-Y_{t-1})=sY_t$$

$$Y_t-Y_{t-1}=\dfrac{sY_t}{v}$$

$$\dfrac{Y_t-Y_{t-1}}{Y_t}=\dfrac{s}{v} \quad \cdots\cdots ③$$

が導き出される．左辺は国民所得の増加率を示しているから，③式から適正な経済成長率 Gw は貯蓄率を資本係数で割った値に等しいことになる．すなわち，経済成長率は貯蓄率と資本係数に依存して決定されるということである．いま資本係数を一定とすれば，現実成長率（G）が均衡成長率（Gw）を上回っている（$G>Gw$）ということは，貯蓄率が高水準にあるからである．まさにここに日本の経済成長の要因があるのである．

　もし貯蓄率を一定とすると，現実成長率が均衡成長率を上回っている原因は資本係数が低いからである．資本係数が低いという意味は一定の国民所得を生み出すために必要な資本の量が少ないという事実，逆にいえば投資効率が良いからである．というのは資本係数の逆数

$$\dfrac{1}{v}=\dfrac{\Delta Y}{\Delta K}=\sigma \quad \cdots\cdots ④$$

は資本の生産性を意味するから，この値は技術革新によって決定される．したがって日本の経済成長の要因は貯蓄超過，旺盛な投資，好調な生産性というハロッドの理論から説明されるのである．

　ドーマーの成長モデルに導入された重要な概念の1つは「資本生産性（σ）」であり，これはすでに④式で示した．投資は長期的には生産力の増加を実現するから，生産力拡大効果 ΔP は，

$$\Delta P = \sigma I \cdots\cdots ⑤$$

で示される．均衡成長を実現するには，新規の生産力を吸収するだけの需要が確保されなければならないから，

$$\Delta P = \Delta Y \cdots\cdots ⑥$$

が成立しなければならない．国民所得の増加分 ΔY は投資乗数によって決定されるから，

$$\Delta Y = \frac{1}{s} \Delta I \cdots\cdots ⑦$$

に他ならない．したがって⑤⑥⑦式から，均衡成長の条件は，

$$\sigma I = \frac{1}{s} \Delta I \cdots\cdots ⑧$$
$$\frac{\Delta I}{I} = s\sigma \cdots\cdots ⑨$$

となる．この式の意味は均衡成長を実現するには投資が限界貯蓄性向と資本の生産性とを掛け合わせた比率で年々増加していかなければならないということである．これを一般化すれば均衡成長は貯蓄率と資本生産性に依存して決定されるということである．したがって日本の経済成長は，現実の投資率が均衡成長を実現するための投資率を上回っている状態にあるといえる．すなわち，その原因は⑨式から明らかなように貯蓄率が高いか資本の生産性が高いかである．まさに日本の経済成長の要因は貯蓄率の高さにあると指摘できるのであり，ドーマーの成長理論からも説明されるのである．

経済学

2003年4月10日	第一版第一刷発行
2007年5月10日	第一版第二刷発行

著　者　　速　水　　　昇
発行所　　株式会社　学　文　社
発行者　　田　中　千　津　子

東京都目黒区下目黒3-6-1（〒153-0064）印刷／株式会社亨有堂印刷所
電話 03（3715）1501（代）振替00130-9-98842

（落丁・乱丁の場合は，本社でお取替え致します）
定価はカバー，売上カードに表示〈検印省略〉
ISBN978-4-7620-1238-9　　Ⓒ 2003 HAYAMI Noboru Printed in Japan